한국 사람들이 모르는 중국 부동산의 비밀

중국, 돈 되는 부동산은 따로 있다

중국,

한국 사람들이 모르는 중국 부동산의 비밀

돈 되는 부동산은 따로 있다

김미성 지음

한국문화사

프롤로그
한국 사람들이 모르는 중국 부동산의 비밀

• • •

주재원 남편을 따라 중국으로 오게 됐을 때 많은 사람이 걱정했다. 우리 엄마는 말도 안 통하는 공산국가에 간다고 고생할 게 눈에 훤하다며 걱정이 한가득이었다. 상하이는 중국의 다른 지역과는 다르게 세련되고 한인타운도 있어서 말도 통하고 한국 식당도 많으니 굶지는 않을 거라고 안심시켜 드렸다. 그런데 나도 그런 말을 하면서 내심 괜찮을까 걱정이 된 건 사실이다.

해외 포장 이사 컨테이너에 쌀 20㎏ 한 포대를 같이 실었다. 한국의 맛있는 쌀을 더 이상 못 먹을 것 같은 마음에서였다. 평소 사 먹지 않던 비싼 이천 쌀로 실었다. 상하이에 도착해 한국 마트를 가보니 한국 품종 쌀이 포대로 쌓여 있었다. 놀라운 건 쌀값은 한국의 1/3밖에 되지 않았다. 한국 쌀이 없어 맛있는 밥도 못 먹을 거라는 나의 걱정은 정말 쓸데없었다.

한국 마트에 진열된 물건 중 가장 비싸게 느껴진 건 우유였다. 아이들이 한참 성장할 때라 우유를 물처럼 마시곤 하는데 여기에서는 헤프게 마실 수 있는 게 아니었다.

중국 우유는 대부분 멸균우유여서 맛도 없고 성장 촉진제 등의 화학물질이 들어있어서 안 좋다는 소문이 많았다. 안심할 수 있는 한국 우유를 먹이고 싶었다. 그러나 한국 우유는 모두 수입품이다 보니 관세가 붙어 한국보다 훨씬 비싸다. 당시 가격이 1L 한 병에 35위안(한화 약 6,300원)이라서 망설일 수밖에 없었다. 주재원이라지만 월세를 절약하고 아이들 교육에 더 써보려고 아끼는 짠순이에게는 손 떨리는 가격이었다.

그랬던 짠순이가 지금은 몇 천 위안의 비싼 와이탄 호텔에서 상하이의 야경을 누리고 있다면 믿을 수 있을까?

홍콩보다 멋진 야경을 볼 수 있는 상하이의 럭셔리 호텔에서 결제하면서 값비싼 우유를 살 때처럼 손을 떨지 않는다. 한국산 우유의 100배는 되는 가격인데도 말이다. 내가 부동산 일을 하지 않았다면 생각도 못 했을 호사이다.

상하이는 서울의 강남과 비슷하다. 상하이 황푸강 주변은 한강 주변처럼 비싸고 한인타운만 해도 강남의 웬만한 아파트값과 맞먹는다. 그래서 상하이 부동산의 추이를 보면 서울과 상당히 비슷하다.

"올라갈 때는 무섭게 올라가고 떨어질 때 살짝 떨어졌다가 금방 회복한다."

부동산 시세는 일시적으로 주춤할 수 있지만 수요가 줄어들지 않기 때문에 금방 회복되는 것이다. 중국은 2000년대 초반에 개인의 사유재산을 인정하면서 "문이 거꾸로 붙어 있어도 오른다."라는 말이 있을 정도로 무섭게 올랐다. 자고 나면 10배, 20배 집값이 올라서 이때 강남 사모님들이 1억을 들고 와서 배추 사듯이 집을 샀다는 말도 있다.

지금은 그때처럼 10배, 20배 수익을 얻기는 어렵지만, 상하이 부동산은 여전히 매력적인 가치가 있다. 집값 상승만을 봐도 그렇다. 특히 세금을 보면 더욱더 현혹된다. 부동산 수익이 생기면 세금도 높아지는 한국 부동산과 비교해 보면 상하이 부동산의 진가를 발견하게 된다.

한국에 비해 취득세율도 낮고, 보유세도 일정 조건을 갖추면 면제를 받을 수 있다. 종합부동산세는 아직 없어서 부담이 덜하다. 그리고 가장 매력적인 것은 양도세 부분이다.

중국은 양도세를 매수자가 낸다. 집을 팔 때 받는 금액이 매도자에게 실제 쥐어지는 금액이다. 세금을 고려하지 않아도 되니 실제 수익률은 한국보다 훨씬 높다.

주재원 남편을 따라 상하이에 오는 엄마들은 아이에게 영어와 중국어는 꼭 마스터시키고 돌아가겠다고 마음먹는다. 우선 시간상으로나 경제적으로 여유가 생기니 자녀 교육에 더 집중하게 된다. 물론 회사에서 주재비를 받아 한국보다 넉넉하게 살 수 있지만 교육비가 해외 유학비만큼 들기 때문에 상하이 국제학교 학비와 보습학원비를 내려면 다들 짠순이가 되지 않을 수 없다.

거기에 매달 비싼 월세를 집주인에게 바치다 보면 다른 건 생각할 여유가 없다. 그래도 지금이 기회다 싶은 마음에 아파트라도 하나 사볼까 싶어도 어떻게 해야 하는지 물어볼 곳도 모른다. 물어볼 곳을 찾았더라도 외국인에 대해서는 경험이 없어 엉뚱하게 알려준다. 인터넷이나 챗봇에 물어본들 제대로 된 중국 부동산 관련 정보를 얻기 어렵다.

내가 처음 서른아홉 살에 중국에 왔을 때 무엇이든 알려주는 사람이 있었다면 중국 부동산으로 좌충우돌하는 실패를 줄일 수 있지 않았을까, 그리고 더 빨리 부동산 부자가 되지 않았을까 하는 생각을 하게 되었다. 그래서 이 책에 내가 상하이 정착을 위해 말을 배우고 집을 보러 다니던 때부터 부동산 계약까지의 이야기를 담았다. 1장은 부동산을 시작하는 계기, 2장은 주택 임대하기, 3장은 외국인 매매 조건, 4장은 상하이 개발 계획, 5장은 실전편으로 중국 부동산 투자에 필요한 부분을 담았다.

2023년 9월부터 이 책을 쓰는 동안 부동산 정책이 여러 차례 바뀌었다. 거의 15년 동안 중국 부동산 현장에서 일하면서 이처럼 단기간에 정책 변화가 많은 것은 처음 보았다. 여러 차례 내용을 수정하면서 가장 최근의 정보를 담고자 노력했다.

또한 자세한 설명이 필요한 부분이나 꼭 알아두어야 하는 내용은 '상하이 집여사 부동산 노트'에 추가로 기재했다.

나와 같이 서른아홉 살 또는 마흔 초반에 중국에 나올 계획이 있거나, 이미 와서 적응 중이라면 월세만 내지 말고 이 책의 내용을 기반으로 중국 부동산을 시작해 보라 추천하고 싶다. 상하이 집주인(팡동, 房东)이 되기는 생각보다 어렵지 않고, 이번 기회에 당신은 중국 상하이 부자가 될 수 있다.

차례

005 프롤로그

1장 중국 부동산을 배우다

- **015** 꿈꾸던 중국 생활
- **019** 배운 대로 말해도 중국어가 늘지 않았다
- **022** 다들 찾는 부동산 누님
- **028** 미래의 그림이 펼쳐지는 곳

2장 주택 월세 계약하기

- **043** 상하이 어디가 좋은가요?
- **084** 중국 집 인테리어의 특징은 무엇인가요?
- **091** 상하이 월세, 얼마면 돼?
- **096** 임대 계약서 쓰기 전 봐야 하는 내용
- **110** 이사하면 주숙등기 꼭 하세요!
- **115** 오래 살고 싶다면 집주인을 귀찮게 하지 마라
- **117** 복(福) 이 들어오는 집은 따로 있다

3장 　 상하이에서 내 집 마련하기

- **123** 　 외국인도 상하이의 아파트를 살 수 있을까?
- **128** 　 외국인이 중국에서 대출 잘 받는 방법
- **133** 　 새 아파트를 사고 싶다면!
- **136** 　 분양 아파트에 당첨되기까지
- **143** 　 중국에서 부동산을 살 때 내는 세금
- **148** 　 안 내도 되는 양도세
- **151** 　 해외 거주자라면 해외 부동산 취득 신고해야 한다

4장 　 부동산 전문가가 되려면 보고 투자하라

- **183** 　 돈에 맞추지 말고 돈 되는 도시를 선택하라
- **188** 　 돈 되는 도시 상하이
- **190** 　 상하이 도시 계획에 해답이 있다
- **197** 　 상하이 투자는 시간과의 싸움이다
- **205** 　 중국 투자 실패하지 않으려면 정책을 보라
- **214** 　 안 되면 될 때까지 밀어붙이는 중국

5장　중국 부동산 실전편

- **233**　투자 금액과 지역 선택하는 방법
- **237**　한국인에게 좋은 투자 지역
- **240**　첫 분양은 사지 마라
- **243**　비과세 되는 중고 주택을 찾아라
- **245**　부동산 매수신호 정책에 힌트가 있다
- **251**　중국 부동산 투자 8가지 원칙

- **257**　**에필로그**
- **262**　**부록** 중국 부동산 용어

1장
중국 부동산을 배우다

꿈꾸던 중국 생활

2009년 10월 15일, 중국 상하이 비행기에 몸을 실었다. 남편이 상하이로 발령이 나면서 아이들과 함께 중국 상하이에 왔다. 말도 통하지 않는 중국에서 잘살 수 있을 거라 믿고 공항에 내렸다. 선선한 가을 날씨를 생각했는데 장마가 오기 전 꿉꿉하고 후끈한 공기가 얼굴을 타고 코로 훅 들어왔다.

'중국 날씨는 한국과 다르구나!'라는 생각을 하며 공항을 빠져나와 택시를 탔다. 기사 아저씨에게 더듬거리는 중국말로 한인타운 홍취엔루로 가자고 말했다. 한 번에 못 알아들었는지 "션머루???" 하면서 큰 소리로 되묻는다. 내 발음이 안 좋아서 그런가 싶어 "훙! 신루, 훙신! 루, 훙신루!" 악센트를 바꿔 가면서 말해봤다. 그런데 기사는 화가 난 표정으로 대답하며 도착할 때까지 난폭운전을 했다. 왜 그럴까?

   그때는 왜 그런지 몰랐지만, 거리가 가까워서 돈이 안되기 때문이라는 것을 나중에 알게 되었다. 택시 기사가 공항에 들어가려면 몇 시간을 대기해야 하는데 훙차오 공항에서 훙취엔루까지는 25~30위안 정도(한화로 약 5,000원)이니 화가 날 만도 하다. 이렇게 상하이의 첫 인상은 덥고 습하고 불친절한데, 이곳이 내가 꿈꾸던 곳인가.

훙차오 공항 1청사, 택시들이 고객을 태우기 위해 줄을 서서 대기한다.
출처: 上海机场

내가 꿈꾸던 중국 생활은 현모양처가 되어 아침에 출근하는 남편 옷을 매만져주고 아이들 잘 준비시켜 학교 보내는 것이었다. 그리고 동네 아줌마들과 여유롭게 커피를 마시며 수다도 떠는 모습을 그렸다. 일하지 않고 주부로만 살아보는 것이 꿈이었다. 그래서 잠깐 덥고 습하고 불친절하더라도 꿈꾸는 주부의 삶을 시작할 수 있다면 얼마든지 참을 수 있었다.

그런데 상하이에서의 주부 생활은 꿈꾸던 것과 달랐다. 남편 직장 동료의 자녀들은 싱가포르 국제학교를 다니고 있었다. 웬만해서는 입학시험에 떨어지는 경우가 없다고 해서 아무 준비도 없이 입학시험을 봤다. 그런데 우리 아이들은 웬만하지 못했다. 국제학교 레벨 시험에 떨어진 것이다.

첫째 아이는 초등 4학년으로 어렸을 때부터 언어 영재가 아니냐고 할 만큼 꽤 높은 레벨이었다. 그러나 영어 기초반인 ELS 반으로도 입학이 허락되지 않았다.

파닉스만 떼고 온 둘째 아이는 다행히 학년이 낮아서 무시험 입학이 되었다.

첫째 아이는 중국어와 영어 두 가지 언어를 사용하는 홍취엔루 협화쌍어학교 국제부에 가게 되었다. 3개월만 다니고 다시 싱가포르 국제학교에 도전할 예정이었다. 그리고 기적처럼 시험과 인터뷰를 우수한 성적으로 통과해서 한 학년을 높여 싱가포르 국제학교 5학년에 입학하게 됐다. 3개월 동안 엄마가 아이를 지독하게 공부시켰을 거라는 뒷말도 들었지만 결국 해냈다. 아이들 학교가 안정화되고, 제대로 주부의 삶을 누리나 했는데 꿈꾸던 주부의 삶은 너무 단조로웠다.

상하이는 국제학교에 다니든 한국 학교에 다니든 한국처럼 걸어서 다니는 경우는 많지 않다. 대부분 학교가 홍차오 지역에 있다 보니 통학버스를 타고 30분 이상 가야 한다. 한국보다 일찍 수업이 시작되기 때문에 7시 정도면 아이들을 통학버스에 태운다. 그리고 나서 엄마들은 한 집에 모여서 모닝커피를 마시며 수다를 떨게 된다. 사업을 하거나, 주재원인 남편들은 한국에서보다 더 바쁘거나, 상하이 주변 지역에 회사가 있어 주말부부를 하는 경우가 많다. 그러다 보니 종일 동네 아줌마들끼리 보내는 경우가 많다. 내 남편도 보기도 어렵고 다른 집 남편 보기도 어려운 동네였다. 언제인가 엘리베이터를 탔는데 땀 냄새 풀풀 나는 수리공 아저씨가 먼저 타고 있었다. 그 아저씨를 보더니 "앗! 남자다~~~"라고 한 언니가 소리를 질렀고 다들 숨이 막히게 깔깔거리며 웃었다.

이렇게 모여서 수다를 떨다가 누가 가방이 필요하다고 하면 홍취엔루에서 멀지 않은 곳에 있는 명품 짝퉁 가방을 파는 일명 '짝퉁 시장'으로 우르르 몰려갔다. 같이 흥정해 주고 여러 개를 같이 사면 가격을 깎을 수 있어서 별 필요 없어도 동참해야 했다. 그렇게 몇 시간을 흥정해서 깎고 또 깎아서 샀는데도 나중에 보면 다른 사람보다 비싸게 샀거나 쓰다 보면 지퍼가 쉽게 고장 나고 가방끈이 끊어지는 일들이 비일비재했다. 짝퉁 시장 한 번 다녀오면 어찌나 피곤하던지 새벽 5시 30분에 일어나 출근하던 그 시절보다 몇 배는 피곤했다. 이렇게 오늘 해도 그만 내일 해도 그만인 고만고만한 일들로 시간이 흘러갔다.

대기업 주재원 아내는 회사 방침상 직장 생활을 못 하게 되어 있고, 그런 규정이 없더라도 특별한 경력이 있지 않으면 일자리를 찾기가 쉽지 않았다. 그래서 종교 생활을 열심히 하거나 영사관이나 한인 도서관 같은 곳에서 봉사하는 사람들이 많은 것 같았다. 나는 여기서 무엇을 하고 지내야 하나?

배운 대로 말해도 중국어가 늘지 않았다

그렇게 꿈꾸던 주부생활도 한두 달 지나니 싫증이 나서 중국어 공부를 하기로 했다. 홍취엔루에는 여러 개의 중국어 학원이 있는데, 주부들은 대부분 주 3일 수업을 선호했다. 그러나 나는 욕심을 내서 수업이 매일 있는 학원을 선택했다. 홍취엔루 학원의 초급반 선생님은 조선족이다 보니 교과서를 읽는 것 외에는 질문이 있어도 한국어로 묻게 되고 중국어가 입 밖으로 나오지 않았다. 3개월을 다니고 동화대학교 어학코스에 등록했다. 학교에서는 더듬거리더라도 중국어로만 소통해야 하므로 중국어가 빨리 늘 것 같았다.

동화대학교 어학코스 수료식

첫 학기는 주 3회 비즈니스 반을 신청했다. 비즈니스 반은 말만 들으면 회사원이나 비즈니스 관련된 사람이 많이 다닐 것 같지만, 주 3회만 공부하고 나머지는 친구 사귀며 여유를 즐기고 싶은 주부들이 많이 신청한다. 그래서 중국어로 사모님이란 말인 '타이 타이(太太)'를 따서 '타이 타이 반'이라고 불렀다.

다음 학기부터는 유학생이 많은 매일반으로 옮겼고 레벨 2단계에서 3단계로 월반 시험까지 보며 만학도가 되어 열심히 공부했다. 덕분에 장학금을 받으면서 4단계까지 공부할 수 있었다. 2년 가까운 시간을 학교 다니며 공부하다 보니, 비행기에서 나눠주는 중국 신문을 읽을 수 있을 만큼의 실력이 되었고 HSK 5급에 쉽게 합격했다.

중국어를 잘해서 좋은 점은 집주인과 소통이 편하다는 점이었다. 중국의 집은 전세 개념은 없고 모두 월세이기 때문에 집주인에게 수리의 의무가 있다. 그래서 집주인과 말이 안 통하면 집을 구해 준 부동산 직원에게 연락하여 수리를 부탁한다. 우리 집주인 왕서방 할아버지는 손재주가 있는 짠돌이여서 수리공을 부르지 않고 본인이 와서 직접 현장의 상황을 보고 재료를 사서 고쳐 준다. 그렇기 때문에 수리할 게 있어 부르면 최소한 세 번은 봐야 했다.

처음에는 부동산 조선족 직원을 통해서 집을 계약했지만, 재계약을 하면서는 직접 집주인에게 연락하게 됐다. 부동산을 통해서 재계약을 하면 다시 중개 수수료를 내야 하므로 집을 새로 찾는 것도 아닌데 돈 내기가 아까워서였다. 그때도 수리할 게 있어서 집주인에게 부탁을 했더니 재료를 사오고 나에게 궁시렁거리며 무언가 요구하는데 하나도 알아들을 수가 없었다.

상하이의 어르신들은 보통화(표준 중국어)를 못 하는 분도 있고 상하이 방언(상하이만의 사투리는 아예 다른 나라 말처럼 표준 중국어와 다르다)을 쓰는 경우가 많아서 못 알아들을 수 있지만, 그 문제만은 아니었다. 모르는 단어를 되물어 볼 수도 있는데, 그런 간단한 말도

입에서 나오질 않았다.

　이미 상황은 지나가 버리고 나중에서야 이렇게 말할 걸 하면서 스스로 한심해했다. 학교 선생님들은 성조가 정확하고 또렷한 발음이며 교과서에 있는 단어만 사용해서 소통에 전혀 문제가 없는데, 현실에서 만나는 왕서방들은 하나같이 발음이 안 좋아서 알아들을 수가 없었다. 주변 지인들은 3개월 학원 다닌 실력으로 생활하는 데 문제가 없다는데 난 어째서 2년을 학교에 다녀도 이렇게 간단한 상황에서도 불편한 것일까?

　'이대로는 안 되겠다. 중국 사람을 만나야겠다.' 수리공 아저씨나 아파트 정문을 지켜주는 보안 아저씨 말고 제대로 된 중국 사람들을 만나야만 말문이 트일 것 같았다. 그래서 선택한 것이 취업이었다. 남편 회사는 주재원 아내에 대한 취업 금지 규정은 없었지만, 주재원 아내는 취업을 하지 않는 것이 관행처럼 지켜지고 있어서 내가 일을 하겠다고 했을 때 당황스러워했다. 일을 하는 대신 남편 회사 사람을 손님으로 하지 않겠다는 다짐을 하고 일을 시작했다. 훙취엔루 사거리에 있는 자그마한 한국 부동산으로 출근을 하게 되었다. 사장님 외 한국 사람은 나 혼자였고 조선족 직원과 한족 직원이 전부인 로컬 부동산이었다.

다들 찾는 부동산 누님

한국의 부동산 사무실에는 보통 한두 사람이 일하지만 중국 부동산은 회사처럼 여러 명이 일을 한다. 중국어가 안되는 한국인들은 집을 수리할 일이 있으면 관리실에 전화하는 게 아니고 임대계약을 했던 부동산에 전화를 한다. 이러다 보니 소통할 사람이 많이 필요한 것이다. 변기가 막혀도 에어컨이 고장 나도 심지어 대문이 닫혀 집에 들어가지 못할 상황이 생겨도 부동산에 연락한다. 그래서 부동산 회사에는 직원이 대여섯 명은 기본이고, 중국 주인과 소통하는 한족 직원과 한국 고객들과 소통할 수 있는 조선족이나 한국인 직원도 두어야 했다. 부동산 회사는 내가 중국어를 배우기에 딱 좋은 곳이라 생각했다.

부동산에서 일하는 친구들은 대부분 나이가 어리다.(중국의 의무교육은 중학교까지인데 중학교 졸업 후 사회인이 되는 경우가 대부분이다) 내가 처음 간 부동산도 점장을 맡은 직원이 20대 후반 조선족이었고 다른 직원들은 20대 초중반 정도였다. 나 같은 한국인 실장은 처음인데다, 이모뻘인 나를 어떻게 불러야 할지 당황해했다. 다른 부동산의 한국 사람은 모두 실장님이라고 불렸는데 부동산에 대해서 아무것도 모르고 중국어도 어눌한 나를 실장이라 부르는 것도, 불리는 나도 상당히 거북스러웠다.

점장 직원이 "저…, 저기요…." 하면서 어렵게 말을 걸어 호칭을 뭐라고 부르면 좋겠냐고 묻길래 "누나가 어떨까요?"라고 제안을 했다. 아무래도 나이 차이가 있다 보니 결국은 누님으로 부르기로 했다. 우리 회사뿐만 아니라 다른 부동산 직원들도 누님이라고 불렀고 한족 직원들은 내 성인 찐(金)과 누나, 언니라는 뜻인 지에(姐)를 붙여서 찐지에라고 불렀다.

호칭만 정해진다고 일을 할 수 있는 건 아니다. 한족 직원과는 소통이 안 되니, 조선족 직원에게 일을 배워야 하는데, 나이 많은 나를 부담스러워했다. 조선족 직원에게는 한국 손님을 뺏어갈 수 있는 경쟁자인지라 누구도 나의 사수를 자청하지 않았다. 그래서 눈치만 보다가 누군가 집을 보러 나가면 무조건 따라나섰다. 어떤 직원은 싫은 내색을 팍팍 내기도 하고 어떤 직원은 나이 많은 누님이 따라나서니 거절할 수 없어 따라오게 두었다.

갈 때마다 도움이 되도록 노력했다. 집을 보여 주러 가면 집주인이 와서 문을 열어주거나, 세입자가 살고 있는 경우는 미리 전화 예약을 해서 집을 보여 주지만, 어떤 경우에는 주인이 믿을만한 인근 부동산에 열쇠를 맡겨 놓기도 한다. 이런 경우는 손님에게 잠깐 기다리라고 하고 뛰어 가서 열쇠를 받아와야 한다. 직원이 열쇠를 받으러 가게 되면 기다리는 손님이 어색해할 때가 있다. 기다리는 동안 아이 학교는 어디를 선택하면 좋은지, 어느 식당 음식이 맛있는지, 어디에 가면 물건을 싸게 살 수 있는지 등 소소한 얘기를 하다 보면 금세 직원이 도착해서 집을 볼 수 있었다. 이런 일이 반복되자 한 명, 두 명 직원들이 마음을 열면서 친해지기 시작했다.

이렇게 따라다니며 손님 응대나 집 보여주기 등은 익숙해졌는데 집주인과의 소통이 원활하지 않아 문제가 많았다. 특히 숫자에 약한 나는 동호수나 전화번호를 듣고 외우는 것에 취약했다. 동호수나 전화번호를 잘못 받아 적어서 엉뚱한 곳에 가서 문을 두드리거나 잘못 전화하는 일들이 많았다.

부족한 나를 위해 노트에 기록하기 시작했다. 홍취엔루에 있는 모든 단지 지도를 붙이고 단지별로 임대 매물에 대한 정보, 집주인 전화번호 등을 꼼꼼히 적어 두고 집을 볼 때마다 가지고 다녔다.

또 집을 예약할 때 쓰는 중국어 표현, 전기 · 수도 · 가스공사에 전화할 때 쓰는 중국어까지 순서대로 적어서 버벅거리지 않도록 했다.

이렇게 하다 보니 내가 집을 보여준 고객이 계약하는 일도 생겼다. 임대 계약서를 고객에게 설명해야 하는데 학교를 다니면서 한자를 꽤 많이 익혔다고 생각했지만, 계약서 내용은 세상에 태어나 처음보는 별나라 글자 같았다. 그래서 며칠에 걸쳐 중한사전을 찾아가며 계약서를 번역했다. 노트에 계약서 원본과 서툴게 번역한 번역본을 나란히 붙여 놓고 손님에게 어떤 내용인지 이해시켜 가며 계약을 하나 둘씩 성사시켰다.

이렇게 홍취엔루에서 2년 동안 임대를 하며 부동산 언어를 배우게 되니 채소 이름은 중국어로 몰라도 가전과 가구는 중국어로 먼저 알게 되었다. 단지별 관리실 전화번호를 알게 됐고 중국어로 수리를 요청할 수 있었다.

뿐만 아니라 어떤 수리공 아저씨의 솜씨가 좋은지, 어떤 아저씨에게 하면 싸게 할 수 있는지도 알게 됐다. 인터넷은 어디에 가서 신청하면 되는지, 외국인은 거주하는 곳을 관할 파출소에 신고해야 하는데 아파트 단지별로 어느 파출소로 가야 하는지, 기한 내 신고를 하지 않으면 파출소에 가서 사유서를 쓰고 벌금을 내는 것도 알게 되었다.

학원과 학교보다 부동산에서 일하면서 배운 중국어가 더 유익했다. 2년이 다 되어 갈 때쯤 회사 분위기가 술렁거리면서 직원들이 뭔가 나에게 숨기는 것이 있는 것 같은 느낌이 들었다.

그렇게 며칠이 흘러가고 점장이 나에게 "누님, 이건 사기입니다." 하면서 그간 있었던 일을 들려주었다. 사장이 주택을 매매하면서 집주인에게 세금을 받아서 본인이 챙겼다는 것이다. 그 사이에 주택 매매를 몇 건 진행해 봤지만, 처음 들었을 때 무슨 말인지 도무지 문제의 내용을 이해할 수가 없었다.

주택을 매도할 때 세금을 한국처럼 각자 내는 방식이 있고, 집주인 세금을 매수자가 떠안고 사는 방식이 있다. 이런 방식을 따오소우(到手)라고 한다. 즉 세금이나 경비 등 제할 거 다 제하고 내 손에 얼마를 쥐어 달라는 뜻으로 중국에서 매매는 대부분 따오소우 방식을 선택한다. 그러다 보니 부동산 사이트나 부동산에 붙여 놓는 가격은 모두 따오소우 가격이다.

어떻게 이런 방식이 가능할까 이해가 안될 수 있지만, 집주인은 당연히 양도세를 매수자가 내주니 싫다고 할 이유가 없고 매수자도 따오소우 가격으로 기재하면 세금이 빠진 금액으로 계약서에 기재되니 취득세가 줄어들기 때문에 이득이다. 그리고 매수자가 다시 팔게 될 때도 따오소우로 팔 것이기 때문에 세금을 떠안고 사는 것이 문제가 되지 않는다.

참고로 집주인이 내야 하는 세금은 보유 기간에 따라 차이가 있지만 대부분 5~7% 정도로 보면 된다.

이런 상황을 모르는 한국인은 한국처럼 팔 때 당연히 세금을 낸다고 생각할 수 있는데, 사장이 집주인에게 세금을 요청한 것이다. 이것을 점장 친구가 우연히 알게 됐고, 한국에 있는 집주인에게 위의 사실을 알렸다. 큰 사건이 벌어질 수 있는 일이었지만, 집주인은 사장에게 매매 계약서 내용 중 몇 조 몇 항이 무슨 뜻인지 모르겠다고 문의해서 세금액을 다시 돌려받는 것으로 조용히 마무리됐다. 나는 조선족 직원 앞에서 얼굴이 화끈거리고 내가 실수한 것 같아서 더 이상 그 회사에 다닐 수가 없었다. 이 일로 중국 부동산 체계는 한국과 달라서 모르면 불이익을 당할 수 있겠다는 것을 배우게 됐다. 그리고 회사도 이직하게 되었다.

미래의 그림이 펼쳐지는 곳

내 눈에는 공항이 생기고 기차역이 들어오고 번화가가 완성되는 것이 보였다.

이직한 부동산은 구베이라는 지역에 있었다. 홍취엔루는 구베이 지역보다 상대적으로 임대료가 저렴해서 중소기업이나 자영업자가 많이 거주하는 반면, 구베이는 미국이나 유럽에서 파견 나온 외국인이나 한국 대기업 주재원이 많이 거주한다.

구베이는 구베이루라는 길을 기점으로 1기와 2기로 나뉘는데, 2기 쪽이 더 나중에 지어졌고 임대료도 더 비싸다.

구베이 부동산에 있으면서 점장을 맡게 됐지만, 회사가 어려운 시기를 맞아 지점별로 자립 자생을 해야 했다. 구베이가 임대료는 높았지만, 우리 회사는 구베이에서는 후발 주자이다 보니 한국인이 선호하는 물권을 보유하지 못해서 다른 부동산과 협업을 하는 경우가 많았다. 그런데 이렇게 협업으로 임대를 하면 수임료를 반씩 나눠야 하므로 자리를 잡기 어려웠다.

그러던 어느 날 따홍차오라고 새로 개발되는 지역에 사는 직원이 "실장님, 우리 집 앞이 개발되면서 뭐가 엄청나게 올라와요. 가보니 너무 좋은 집이 있는데, 저는 돈이 없으니 실장님이 사세요."라면서 정보를 주었다.

　이때 내 상황은 남편이 주재원을 그만두고 사업을 시작해 광저우로 내려간 시점이었다. 1년이 다 되도록 생활비 10원도 못 받고 있었다. 들어오는 돈 없이 남편 퇴직금으로 월세와 국제학교 학비를 내다 보니 통장에는 겨우 324위안이 전부였다. 한국 마트에 가서 장을 한 번 보면 통장 잔고가 '0'이 될 상황이었다.

　내 인생에서 경제적으로 최악이던 시기였다. 이때 소원은 '남편이 1만 위안만 갖다 줄 수 있다면'이었다. 이런 나에게 따홍차오 집을 사는 건 말도 안 되는 얘기였지만, 한번은 가 보고 싶었다.

　"아⋯. 이곳이 따홍차오이구나⋯." 나에게 부동산 눈을 번쩍 뜨게 한 곳이었다.

　당시 상하이에 오는 사람이라면 상하이 다음 카페 '두레마을'에서 정보를 얻었다. 이 카페 운영자가 교민학교라는 4주 과정 코스를 개설한 적이 있었다. 상하이에 온 새내기를 위한 강좌로, 중국어 강좌도 있었고, 광고 전문가 초빙 강좌도 있었고, 부동산 전문가가 들려주는 상하이 개발에 대한 강좌도 있었다. 그때 들은 부동산 수업이 따홍차오 개발 계획과 수혜지에 관한 내용이었다.

　중국에 온 지 얼마 안 돼서 사귀게 된 중국 지인이 있었는데, 부동산에 관심이 많았다. 어느 날 지인 손에 이끌려 어딘가를 갔는데, 허허벌판을 손가락으로 가리키면서 이곳에 공항과 기차역이 생기고,

지하철 2호선이 연장돼서 들어오고, 전 세계에서 제일 큰 무역센터가 들어온다고 했다. 나중에 알고 보니 그곳이 따훙차오였다.

부동산에 관심 많은 중국 지인이 말하고, 부동산 직원도 말하고, 부동산 전문가도 말하는 곳이 다 같은 곳이라니…. 원래는 훙차오인데 개발 계획이 워낙 크다 보니 크다는 뜻으로 따(大)자를 붙여 따훙차오라고 불렀다. 잘 몰라도 황금빛 기회인 것 같았다.

처음 들었던 4년 전이나 지금이나 허허벌판은 다름없지만 내 눈에는 공항이 생기고 기차역이 들어오고 번화가가 완성되는 이미지가 보였다. 그래서 구베이 지점의 자립 자생 방안으로 고객들에게 따훙차오를 소개하면서 여러 차례 고객에게 보여줬지만 한 건도 성사시키지 못했다. 이런 주먹구구식으로는 안 되겠다 싶어 회사에 제안했다.

'교민신문을 비롯해서 여러 방법으로 대대적으로 광고하고, 훙차오 개발국에서 나온 홍보영상에 한국어 더빙을 해서 보여주자. 그리고 따훙차오 개발 계획을 PPT로 만들어 브리핑한 후에 현장을 보여주자'고 생각했다. 그때부터 고객들은 따훙차오에 대한 확신을 얻고 구매하기 시작했다. 역시 돈이 따르는 건 눈으로 보이는 게 있어야 믿는 법이다.

첫 번째 투어에 7팀이 왔고 6팀이 구매를 했다. 이날 이후로 70차 투어를 진행해서 1,000명의 고객을 만나게 되었다.

상하이 집여사 부동산 노트

CHECK 01
미래의 그림이 펼쳐지는 곳, 따홍차오 어떤 곳일까?

2009년 두레마을 교민학교에서 부동산 전문가가 강의했던 곳, 중국 친구가 공항이 새로 생기고 지하철 2호선이 연장되어 들어오면서 엄청나게 개발된다고 했던 곳, 회사 직원이 나에게 집을 사라고 권했던 곳 따홍차오….

어디에 있고 어떤 개발 계획이 있길래 많은 사람이 이구동성으로 말한 것일까? 따홍차오에 대해서 알아보자.

푸동신취가 개발되기 전에는 푸동은 줘도 안 갖는 땅이었다. 1990년대 초에 동방밍주가 있는 푸동의 루쟈주이가 개발되기 시작했고, 2009년에 푸동신취와 난후이취가 통합되면서, 커다란 푸동, 즉 따푸동(大浦东) 시대가 열리게 되었다. 개발 계획들이 푸동 쪽으로 계속되면서 푸시 지역은 상대적으로 낙후된 지역으로 전락하게 되었다.

상하이시는 푸동과 푸시 지역 발전의 균형을 맞추기 위해 푸시 지역에 개발 중심축이 필요하게 되었고 이에 따라 따홍차오를 개발하게 되었다.

따홍차오를 개발하면서 동쪽은 따푸동(大浦东), 서쪽은 따홍차오(大虹桥)로 '쌍끌이 엔진' 구도를 형성해서 상하이를 발전시켜 국제 경제 중심 도시로 성장하고자 한 것이다.

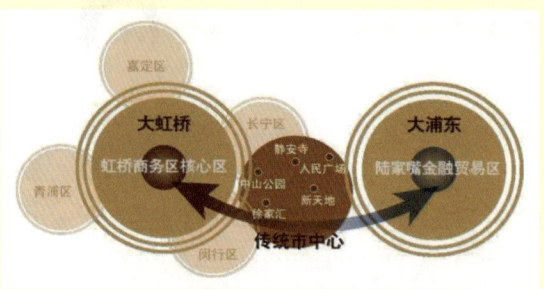

따푸동(大浦东) vs 따홍차오(大虹桥)
출처: 今日讯

원래는 홍차오인데 얼마나 크길래 크다는 뜻의 따(大)자를 붙인 것일까?

따홍차오는 창닝취(내환선 바깥 지역), 쟈딩취(쟝치아오 지역), 칭푸취(쉬징, 화신, 총구, 쟈오샹 지역), 송쟝취(지우팅 지역), 민항취(황푸강 서쪽 지역) 등 5개 행정구가 연합된 지역으로 서울 면적과 비슷할 만큼 큰 지역이다.

홍차오 CBD 계획 및 위치도
출처: 上海市城市规划设计研究院

따훙차오 내에서 가장 중심이 되는 곳은 훙차오 CBD이다. CBD는 Central Business District의 약자로 '중심상업지구'라는 뜻이다.

훙차오 CBD는 다시 핵심 구역과 기능 확장 구역으로 나뉜다. 핵심 구역은 26.3㎢로 여의도 면적의 9배 규모이며, 기능 확장 지역은 60㎢로 여의도의 20배가 넘는다.

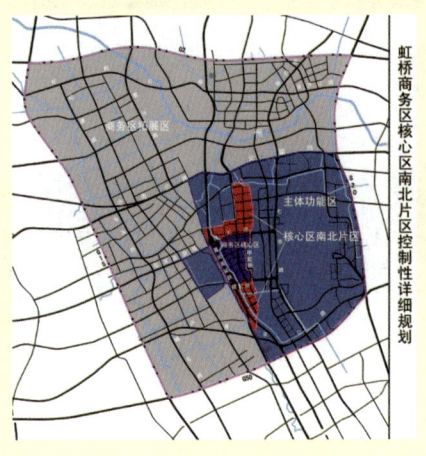

훙차오 CBD 남북 구역 상세 계획
출처: 虹桥商务核心区控制性详细规划(2010년)

따훙차오는 국제 무역 중심 역할을 한다. 무역 중심 역할에 맞게 상하이 국가 컨벤션 및 전시 센터(上海国家会展中心)를 건설했다. 총 건설 면적은 150만 ㎡로 코엑스의 13배, 세계 최대 규모인 독일 하노버 전시센터보다 조금 더 크게 만들었다. 위에서 보면 네잎클로버 모양인데 이 모양이 동선을 최소화할 수 있는 구조라고 한다.(2014년 10월 19일 정식 오픈) 중국은 뭘 만들면 전 세계에서 가장 크고 가장 높아야 만족하는 것 같다.

상하이 국가 컨벤션 및 전시 센터(上海国家会展中心)
출처: 바이두

따홍차오는 또한 장강삼각주의 중심이다*. 한 도시만의 CBD가 아닌 상하이 주변 지역인 저장성, 쟝쑤성을 포함한 장강삼각주(长三角, 쟝산지아오)를 포괄하는 광역형 CBD, 즉 RBD(Regional Business District)의 개념으로 개발했다. 이를 위해 홍차오 1 공항만으로 부족했기에 추가로 홍차오 2 공항과 홍차오 기차역을 함께 건설해서 종합 교통 허브를 만들었다. 교통 허브를 통해 상하이는 장강삼각주 주요 도시와 1시간 생활권이 가능하게 됐다.

* 장강삼각주 지역(장삼각 지역)은 상하이를 비롯해 안후이성, 쟝쑤성, 저장성에 있는 총 41개의 도시로 이뤄진 곳이다. 중국의 제1 경제권으로 중국 GDP의 1/4을 차지한다.

홍차오 CBD와 장삼각 주요 도시로 교통 확장 계획도
출처: 虹桥商务核心区控制性详细规划(2010년)

홍차오 기차역 모습

홍차오 CBD를 자세히 들여다 보면 다시 네 구역으로 나뉜다. 홍차오 기차역과 공항이 있는 종합 교통 허브 지역, CBD 핵심 구역 그리고 북쪽과 남쪽 구역이다.

상하이에 오면 꼭 들르는 관광명소 중 하나가 신천지(新天地, 신티엔띠)이다. 신천지를 만든 루이홍 그룹에서 CBD 핵심 구역에 신천지를 하나 더 만들었는데 홍차오 이름을 따서 홍차오천지(虹桥天地, 홍차오티엔띠)라 부른다. 이외에도 롱후티엔지에쇼핑몰, 완커쇼핑몰과 오피스들이 즐비하게 있다.

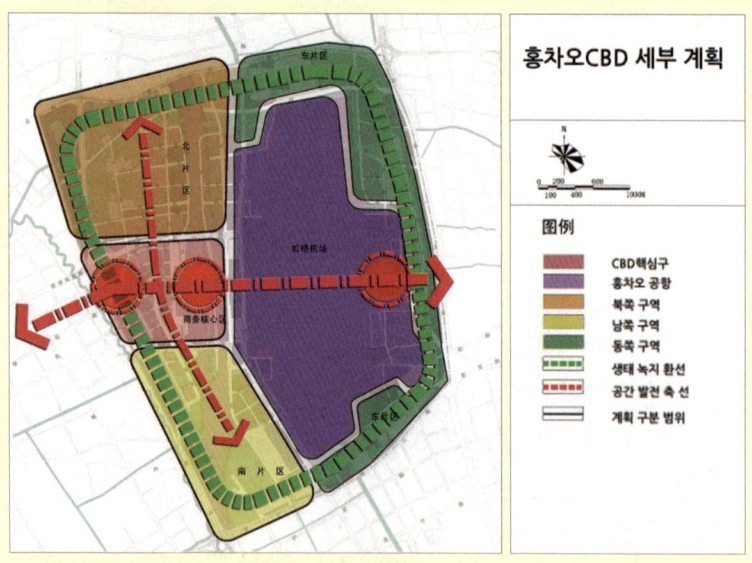

홍차오 CBD 세부 구역도
출처: 虹桥商务区规划(2011년)

홍차오 CBD의 홍차오티엔티, 완커쇼핑몰, 롱후티엔지에
출처: 바이두(일부)

홍차오 CBD 2기(북부지역)의 알리바바 빌딩

홍차오 CBD는 말 그대로 중심 상업 지역이기 때문에 쇼핑몰과 오피스가 주를 이룬다. 주택 부지는 북쪽 지역에만 배정되어 있으며, 일반인에게 판매된 단지는 딱 4개뿐으로 2,000세대 남짓밖에 되지 않아 희소하다.

4개 단지는 완커스이치(万科时一区), 푸리홍차오 10호(富力虹桥 十号), 헝지-쉬후이(恒基-旭辉), 샹핀화팅(尚品华庭)이다. 이 중 한국인들이 가장 선호해서 구매를 많이 한 단지는 푸리홍차오 10호(富力虹桥 十号)이고 현재도 푸리홍차오 10호에 가장 많은 한국인이 거주한다.

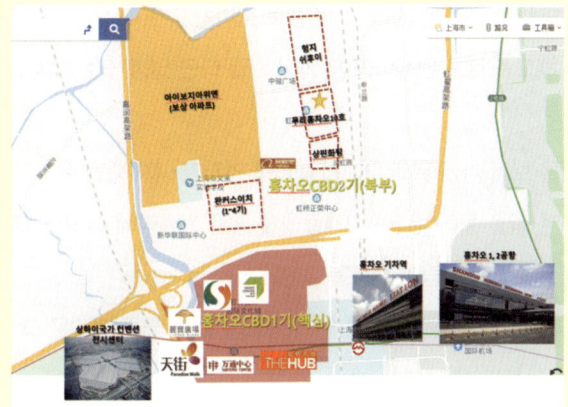

홍차오 CBD 핵심 지구 및 북부 지역 아파트 위치도
출처: 블루아이 얼서우아카데미 지도(일부 수정)

푸리홍차오 10호(富力虹桥 十号) 단지 사진

지금은 모든 건물이 완성되어 사람들로 붐비지만, 2015년 초 따훙차오를 소개할 때만 해도 도로도 완성이 되지 않아 차를 타면 덜컹거려 멀미가 날 지경이었다.

또한 집을 보러 가기 위해 차에서 내리면 먼지가 나서 숨을 쉬기도 곤란했다. 이런 공사 현장을 돌아다니며 고객들에게 공사 가림막에 그려진 그림대로 될 거라고, 상상력 좋은 사람이 투자를 잘한다고 말했다.

그리고 이젠 그 그림이 현실이 되어 눈앞에 있다. 물론 가격은 그 먼지 속에서 미래를 상상하면서 구매할 때와는 매우 다르다.

2장

주택 월세 계약하기

상하이 어디가 좋은가요?

아파트는 연식과 외관 상관없이 위치가 좋다면 가격도 높은 것이다.

"상하이는 어디가 살기 좋은가요?"라는 질문을 가장 많이 한다. 상하이는 한국인들이 많아 살기 편하다고 이야기해주고 두 군데를 설명해 준다. 상하이의 동쪽은 푸동이라고 하고 서쪽은 푸시라고 한다. 그중 푸시에서 한국 교민이 가장 많이 모여 사는 곳은 홍취엔루(虹泉路) 지역이고, 그다음으로 많은 곳이 구베이(古北) 지역이다.

첫 번째로 홍취엔루 한인타운은 여기가 한국인지 중국인지 분간이 안 갈 정도로 한국 마트와 식당이 많아서 편한 지역이다. 더욱이 신한, 우리, 하나 은행과 같은 한국 거래 은행도 있어 중국어를 못 해도 큰 불편함 없이 살 수 있다.

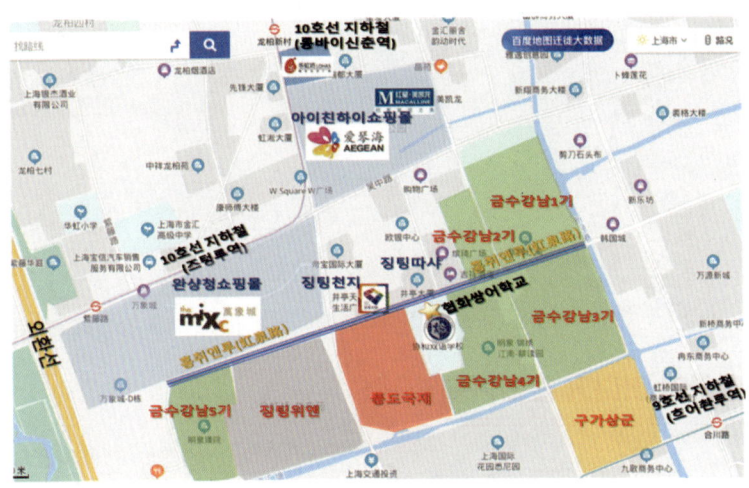

홍취엔루 지역 지도
출처: 블루아이 얼서우아카데미 지도(일부 수정)

홍취엔루라는 이름은 한인타운을 대표하는 길 이름이 홍취엔루(虹泉路)라서 부르게 됐다고 한다. 한국 교민들은 대부분 이 근처에 있는 아파트에 거주한다. 이곳은 홍차오 국제 공항과의 거리가 5㎞로 매우 가깝고, 난징루나 쉬자후이를 지나가는 황금노선인 지하철 9호선과 10호선도 걸어서 이용할 수 있다. 또한 대형 쇼핑몰이 두 개나 있어 생활하기 편리하다. 또한 한국 학교와 상하이 중학교, 미국, 영국, 싱가포르 등 모든 국제학교 스쿨버스가 배차되고 중국어와 영어를 같이 배울 수 있는 명문 사립학교인 협화쌍어학교는 걸어서 다닐 수 있는 곳이라 교육까지 다 만족시킬 수 있는 곳이다.

중국 아파트는 한국에 비해 건축 기술이 떨어져서 10년만 돼도 한국 재건축 아파트 같은 외관이 된다. 홍취엔루 아파트는 대부분 20년이 넘었으니 외관도 아파트 품질도 많이 떨어진다. 단열과 소음방지가 안 되고 녹물이나 누수 등의 문제가 있는 집들도 많다. 그런데 집값과 임대료는 엄청 비싸다는 것에 놀란다. 중국에서 아파트는 연식과 외관에 상관없이 위치가 좋다면 가격도 높기 때문이다.

그런데 이 사실을 모르고 아파트를 사지 않고 비싼 월세만 내고 있다면 2년만 지나도 나와 같이 후회하게 될 것이다. 내가 상하이에 와서 가장 후회하는 것이 바로 홍취엔루에 살면서 집을 사지 않은 것이다. 당시 집을 구할 때 실내장식이 중국 스타일이고 관리도 엉망이라 맘에 들지 않았다. 그리고 방 구조도 우리 생활방식과 동선에 맞지 않아 불편해 보이는데 가격은 5억씩이나 하니 엄두도 안 났다.

'이런 후줄근한 집이 이 가격이라고?' 놀라서 집을 살 생각조차 하지 않았는데 이것이 몇 년 사이 5배가 올라서 나를 부동산 공부에 뛰어들게 만든 것이다.

참고로 홍취엔루에서 가장 선호하는 아파트는 풍도국제(风度国际)

아파트이다. 2009년 당시 방 3칸, 화장실 2칸인 집이 대략 300만 위안 정도(당시 환율로 한화 약 5억)이었다. 그 당시 월세 임대료가 1.5만 위안(당시 환율로 한화 250만 원) 정도였다. 중국에 오면서 한국 집은 전세를 주고 왔는데, 그 전세금으로 중국 아파트 30% 선수금을 낼 수 있었다. 그리고 부족한 금액은 대출받아서 살 수 있었다. 심지어 대출금은 세입자를 들여 월세를 받으면 이자 상환을 하고도 남았으니 아주 좋은 투자처였다.

내가 중국에 온 지 15년이 지난 지금도 풍도국제 아파트는 홍취엔루 한인타운에서 가장 인기 있는 단지이고 가격은 1,300~1,500만 위안(23~27억 원)이 넘는다. 그때 5억 원에 샀다면 15년 만에 5배가 올랐고 투자금 대비 1,400% 수익을 볼 수 있었던 기회였다.

과연 이게 가능한가? 놀랄 수 있겠지만 이것이 중국 상하이에 집을 샀다면 부자가 됐을 거라는 이야기가 나온 배경이다. '그때 샀더라면.' 다들 기회를 놓치고 나서 하는 말이다. 그런데 그 순간에 후회만 하는 것이 아니라 보는 눈을 길러서 기회가 왔을 때 잡는 사람도 있다. 그래서 보는 눈이 없던 나와 같이 지금이라도 중국에서 거주하거나 부동산을 시작하는 사람들이 있다면 알려주고 싶어서 이 글을 쓰게 된 것이다.

상하이에서 홍취엔루는 시중심에서 살짝 끝자락에 걸친 위치임에도 서울 강남 집값이다. 강남도 허허벌판이었을 때 집을 구매한 사람은 부자가 된 것처럼 중국에서도 똑같이 벼락부자가 된 사람이 나온 것이다. 풍도국제는 중국식으로 발음하면 펑 뚜 구워지라고 해야 하지만 한인타운이다 보니 한국식으로 풍도국제라고 부른다. 그래서 중국인 집주인들은 못 알아듣지만, 이 근처 부동산에 가면 한국인이나 조선족 동포 직원들이 있어서 다 알아들을 수 있다. 홍취엔루에 살아야 한다면 풍도국제 아파트는 한번 가보길 바란다.

풍도국제 아파트 전경

홍취엔루 한인타운은 중국 최대 사립재단인 협화쌍어학교가 있고 다양한 부대시설을 갖추고 있어 한국인이 살기에 가장 좋은 지역으로 꼽힌다.

두 번째로 한국인이 많이 사는 지역은 구베이(古北)이다. 구베이 지역은 교통환선인 중환선에 접하고 있는 지역으로 홍취엔루 한인타운보다 도시중심에 가깝다. 이곳은 한국인만 모여 사는 곳은 아니고 외국인도 많이 산다. 지하철 10호선이 가깝고 다카시마야 백화점, 완커광장, 1699 상업광장이 있어 생활이 편리하다. 이곳은 도보로 이용할 수 있고 난펑청, 찐훙차오쇼핑몰, 팍슨백화점은 택시 기본요금이면 갈 수 있다. 그리고 YCIS, SCIS, HQIS, 브리태니커 국제학교가 있어 자녀 교육도 걱정없다.

구베이 지역은 다시 구베이루(古北路)라는 길을 기점으로 구베이 1기와 2기로 나뉜다. 인터넷으로 상하이집을 조회해 보면 가장 많이 나오는 것이 명도성(名都城)이다. 명도성은 구베이 1기에 해당한다. 명도성도 풍도국제처럼 중국어 발음은 밍뚜청이지만 한국 교민들은 한국식으로 명도성이라고 발음한다. 지금은 명도성 1기 외에 2기, 3기도 지어져 있다. 구베이 1기에서 한국인들이 선호하는 단지는 명도성, 사계정원, 상청 업타운 세 단지이다.

구베이 2기는 황진청따오 보행가라는 길이 있는데, 이 길은 말 그대로 차를 다니지 못하게 해서 보행가가 형성되어 있다. 주말이 되면 황진청따오는 마치 유럽의 거리처럼 현지인이 카페테라스에 앉아서 담소를 나누고 차가 다니지 않기 때문에 아이들이 마음 놓고 뛰어 노는 것을 볼 수 있다. 상하이의 겨울은 영하로 떨어지는 경우가 많지 않아 한국처럼 단풍을 보기 쉽지 않다. 가을을 느끼고 싶다면 황진청따오 보행가 거리로 가면 된다. 가로수가 은행나무라서 가을이 되면 온통 노란색으로 물들어 아름답다.

황진청따오 보행가 거리를 사이로 마주 보는 6개 단지가 있는데, 이 아파트들이 구베이 2기를 대표하는 아파트이다.

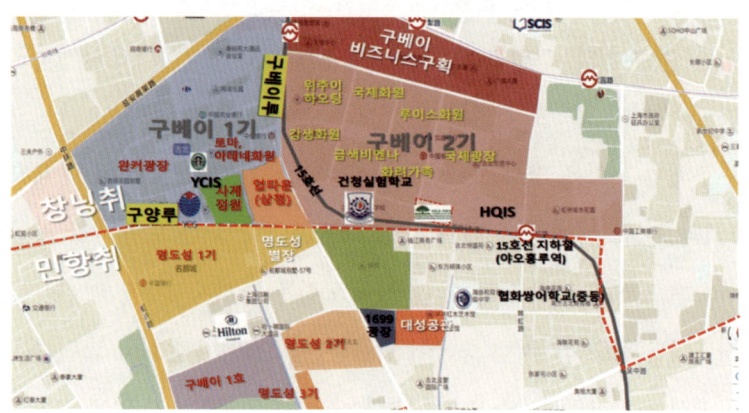

구베이 지역 지도
출처: 블루아이 얼서우아카데미 지도(일부 수정)

홍취엔루와 구베이 지역 임대료가 비싸지다 보니 지우팅(九亭)으로 일부 이주했다. 이곳은 한국인과 조선 동포들이 많이 거주하고 있어 보일러 있는 집도 찾아볼 수 있다. 그중 대표적인 단지가 베이샹완(贝尚湾)이다.

한국 교민이 모여 사는 이유는 한국 마트나 식당 외에 학원이 있기

구베이 대장아파트 명도성 1기
출처: 리앤지아(链家)

따훙자오 쉬징, 런헝시쟈오화원 아파트
출처: 두 번째 사진 仁恒置地

때문이다. 국제학교를 보내더라도 영어 학원을 또 보내고, 중국에 왔으니 중국어도 할 줄 알아야 하니 중국어 학원을 보내고, 수학은 선행학습을 해야 하므로 보습학원을 보낸다. 특례입시 준비를 위해서는 토플, SAT, IB 준비를 도와주는 학원을 보낸다. 이런 학원이 홍취엔루와 구베이에 많이 있기 때문에 한인타운을 벗어나지 못하게 된다.

학원을 안 보내고 학교 프로그램을 많이 경험해 보고 싶어 하는 사람은 학교 근처에 사는데 미국 학교를 보낸다면 학교를 걸어서 갈 수 있는 웨스트우드 아파트를 선호한다. 한국 학교, 영국 학교, 싱가포르 학교를 보내는 사람들은 싱가포르 개발상이 건설한 런헝시쟈오화원(仁恒西郊花园)이라는 아파트를 선호한다. 이 아파트는 걸어서 학교에 갈 수는 없지만 학교랑 거리가 멀지 않고 스쿨버스를 단지 앞에서 탈 수 있다. 또한 부대 시설이 좋아 인기가 있다.

지금까지 소개한 아파트 외에 직접 마음에 드는 아파트를 찾고 싶다면 부동산 앱을 사용할 수 있다. 중개부동산에서 운영하는 리앤지아(链家), 중원(中原)이나 안쥐크어(安居客), 베이크어쟈오팡(贝壳找房) 등에서 정보를 얻을 수 있지만, 고객을 낚기 위한 허위매물도 있으니 주의해야 한다.

리앤지아
(链家)

안쥐크어
(安居客)

중위앤
(中原)

베이크어쟈오팡
(贝壳找房)

상하이 집여사 부동산 노트

CHECK 02
홍취엔루 한인타운 아파트 단지 둘러보기

한인타운을 대표하는 길은 홍취엔루이다. 홍취엔루는 1㎞(824m)도 되지 않는 짧은 도로라서 내가 중국에 올 때만 해도 택시 기사에게 홍취엔루를 가자고 하면 대부분 몰랐다. 한류가 유행하면서 이제 홍취엔루는 관광 명소가 되어 주말마다 많은 중국 사람으로 북적인다. 그러나 지금도 홍취엔루라고 하면 잘 모르고 오히려 한국거리(韩国街, 한구워지에)라고 하면 더 잘 안다. 이 짧은 거리에 한국인들이 필요한 모든 것이 있다.

홍취엔루(虹泉路) 지도

홍취엔루 중간 위치에는 명문 사립학교인 협화쌍어학교가 있다. 협화쌍어학교는 상하이에서 손에 꼽히는 사립 명문 학교이다. 이 학교를 보내기 위해 중국인들이 홍취엔루로 집을 사서 이사를 온다. 중국인들의 학구열도 한국인 못지 않기 때문에 홍취엔루 매매 가격과 임대료를 높이는 원인이 바로 협화쌍어학교이다.

협화쌍어학교 맞은편으로 징팅따샤와 징팅티엔티라는 빌딩이 있는데, 이 두 건물에 한국 마트를 비롯한 한국 식당, 은행, 학원 등 한국인에게 필요한 모든 것이 다 있다.

협화쌍어학교와 담장을 접하여 양옆으로 풍도국제 아파트와 금수강남 4기 아파트가 있다. 금수강남 4기 주변으로 금수강남 1기, 2기, 3기가 있고, 풍도국제 서쪽으로 징팅위엔과 금수강남 5기가 있다. 금수강남 3기와 5기는 별장 위주의 단지라서 임대료도 비싸고 한국인이 거의 살지 않는다. 대부분의 한국인은 이 두 단지를 제외한 그 외의 단지들에 거주한다.

홍취엔루 주변 아파트 단지들을 살펴보자.

풍도국제(风度国际)

풍도국제는 협화쌍어학교를 길을 건너지 않고 보낼 수 있는 초 학세권 아파트로 금수강남 4기와 함께 홍취엔루 지역에서 가장 인기 있는 아파트이다. 한국인뿐만 아니라 중국인에게도 인기 있는 단지이다.

금수강남 4기와 풍도국제 두 단지 모두 지어진 시기나 위치가 비슷하나, 매매 가격이나 임대료는 풍도국제가 약간 높게 형성되어 있다.

풍도국제는 브라운톤의 외벽으로 되어 있어 단단한 느낌이다. 20년이 다 되었지만 다른 단지에 비해 외관이 말끔하고 아파트 관리도 잘 돼 있다.

금수강남 4기와 비교하면 금수강남 4기는 오솔길이 많아 아기자기하고, 풍도국제는 네모반듯하고 시원시원하다. 중국은 전등의 조도가 낮아 밤이 되면 가로등을 켜도 단지가 어둡다. 그래서 낮에는 아기자기해서 예쁜 오솔길이 밤이 되면 잘 보이지 않아서 불편할 수 있다. 개인적인 생각이지만 이것이 풍도국제가 금수강남 4기보다 매매 가격이나 임대료가 높게 형성되는 원인이지 않을까 싶다.

집 안을 보면 풍도국제는 작은 평형이든지 큰 평형이든지 거실과 방 사이에 계단이 있다. 이것 때문에 중국에 살지만 이국적인 느낌이 든다고 풍도국제를 선택하기도 한다.

744세대이고 36개 동으로 되어 있다. 넓은 평형 대는 단지 중앙에 있고 방 2칸짜리는 홍신루 길가 쪽으로 배치되어 있다. 홍취엔루 단지 중에 유일하게 원룸이 있는데 원룸은 단지 밖에 있어 같은 단지라는 생각이 들지는 않는다. 그렇지만 같은 개발상에서 지었고 같은 관리 업체에서 관리한다.

단지에는 3개의 문이 있어 편리하다. 홍신루 쪽으로 나 있는 문이 정문이고 홍취엔루쪽으로 2개의 문이 더 있다. 한국 아이들이 다니는 모든 학교의 스쿨버스가 풍도국제를 경유하고 홍신루 문 쪽에 선다.

풍도국제 단지와 원룸 사이는 풍도국제 광장이라고 불리는 거리가 형성되어 있다. 홍취엔루 입구 쪽 라인은 주상복합처럼 되어 있고, 풍도국제 광장의 일부를 구성한다. 그곳에 한국 마트와 식당, 커피숍 등이 입점해 있다. 생활은 편하지만 맨 앞 라인은 음식 냄새가 올라오거나 저녁 늦게까지 술 마시는 사람들로 시끄러울 수 있다. 집을 구할 때 수험생이 있다면 이쪽 라인은 피하는 것이 좋다.

풍도국제

주소: 闵行区虹莘路3800弄

건축년도: 2005년 / 세대수: 744 / 동수: 36동

용적률: 1.6 / 녹지율: 45%

주차비율 1:0.7(주차장 이용료: 지상 150위안/월, 지하: 300위안/월)

풍도국제 아파트 인테리어는 집집마다 다르지만, 모두 거실에서 방은 계단으로 분리되어 있다.

금수강남 4기(锦绣江南 四期)

금수강남 4기는 풍도국제와 같이 인기있는 대표 단지이다. 금수강남 아파트는 1기부터 5기까지 있는데, 모두 상하이밍취엔그룹(上海明泉集团)에서 개발했다. 그룹 사장이 쓰촨성 사람이라 풍도국제에서 볼 수 없는 쓰촨성 주택 분위기가 있다. 아파트 출입문을 동그랗게 만들어 중국 고택으로 들어가는 느낌이 들게 했고 시냇물이 굽이굽이 흐르도록 했다. 시냇물을 따라 대나무 숲도 있고 쉴 수 있는 정자도 만들어 놨으며, 철쭉을 비롯한 꽃나무를 많이 심어 사시사철 예쁘다.

풍도국제와 같은 연도인 2005년에 지어져서 홍취엔루 아파트 중 나름 새 아파트이다. 풍도국제가 내부에 계단이 있어 이국적이라서 좋아한다면, 금수강남은 계단이 없어서 좋아한다. 아이를 키우는 가정은 계단이 오히려 위험해서 계단이 없는 금수강남을 선호한다. 또한 같은 면적이라도 계단이 없는 구조가 훨씬 크게 느껴진다.

금수강남 4기는 오솔길이 많아 아기자기해서 예쁘지만 뒤 라인에서 입구까지 나오는 데 시간이 걸리고 밤이 되면 어두워서 불편하다. 금수강남 4기를 선택하는 경우라면 놀이터 주변 4개 동이 가장 로열동이므로 이곳을 선택하거나 홍취엔루와 진후이난루 출입구에 가까운 위치를 선택하면 좋다.

금수강남 4기 단지

주소: 闵行区金汇南路301弄

건축년도: 2005년 / 세대수: 974 / 동수: 41동 / 용적률: 1.7 / 녹지율: 40%

주차비율 1:0.8(주차장 이용료: 지상 150위안/월, 지정 위치: 600위안/월)

금수강남 1기와 2기 (锦绣江南一期, 二期)

　　금수강남 1기와 2기는 2002년에 지어진 아파트로 20년이 넘은 낡은 아파트이지만 금수강남 4기나 풍도국제에 비해 임대료가 저렴해서 젊은 층에게 인기가 많다.

　　이중 금수강남 1기가 세대수가 많고 60동이나 되는 대형 단지라서 금수강남 2기보다는 1기를 선호한다. 금수강남 1기 단지 안에는 미용실, 편의점, 커피숍, 식료품 가게 등이 있어 단지 밖으로 나가지 않아도 생활에 불편함이 없다. 코로나 때 상하이는 두 달 동안 봉쇄되었는데 금수강남 1기는 단지 내 상가 덕분에 불편함이 없었다고 한다.

    금수강남 다른 아파트처럼 꽃나무를 많이 심어 조경이 예쁘고 아기자기하다. 단지 내에 테니스장과 농구장도 있고 상가 주변으로 놀이터와 공터가 크게 형성되어 있어 어린아이를 키우기에 딱 좋은 환경이다.

    우중루와 접하고 있어 대중교통을 타고 시중심으로 가기 좋고, 단지 건너편에 아이친하이(爱琴海) 쇼핑몰이 있어 생활하기 편리하다.

금수강남 1기 단지

주소: 闵行区金汇南路60弄

건축년도: 2002년 / 세대수: 848 / 동수: 60동 / 용적률: 1.8 / 녹지율: 40%

주차비율 1:0.7(주차장 이용료: 지상 150위안/월, 지하 450위안/월)

징팅위엔(井亭苑)

홍취엔루 한인타운 생활권은 누리고 싶은데 임대료 예산이 낮아 고민이라면 징팅위엔(井亭苑)이 답이다. 풍도국제 아파트에서 서쪽으로 길 하나만 건너면 된다.

이 단지는 보상 아파트로 국가가 홍취엔루를 개발하면서 원래 살고 있던 농민들에게 보상으로 준 아파트이다. 중국은 어느 지역을 개발할 때 먼저 보상 아파트를 지어서 원주민을 이주시키고 이주가 다 되면 철거하고 개발한다. 보상을 해줄 때는 한 가구당 몇 채씩 집을 주다 보니 지역 토박이 농민들은 비싼 상하이 집을 몇 채씩 가지고 있는 부자가 되었다.

징팅위엔은 보상 아파트이기 때문에 풍도국제나 금수강남처럼 개발 회사에서 건설해서 판매하는 집보다 아파트 품질이나 관리 수준은 떨어진다. 그래서 같은 생활권이지만 임대료는 바로 길 건너 아파트보다 훨씬 저렴하다.

일반적인 중국 아파트가 그렇듯이 징팅위엔도 시멘트 상태인 모패(毛皮, 마오피)로 집을 받아서 인테리어는 각자 했다. *

---

* 　중국 아파트들은 인테리어를 하지 않은 상태, 즉 시멘트벽 상태로 분양하는 경우가 많다. 인테리어가 안 된 집을 모패(毛坯, 마오피)라고 부른다.

징팅위엔 아파트 단지

주소: 闵行区虹莘路3799弄

건축년도: 2003~2008년 / 세대수: 1613 / 동수: 133동 / 용적률: 1.8

녹지율: 35% / 주차비율 1:0.5(주차장 이용료: 집주인: 100위안/월, 세입자 300위안/월)

한국인이 좋아하는 인테리어를 하면 임대료를 더 받을 수 있으므로 인테리어를 깔끔하게 하고 보일러도 설치한 집들도 많다. 그래서 잘 고르면 풍도국제나 금수강남보다 인테리어가 잘 된 집을 찾을 수 있다. 그러나 집안은 깔끔해도 들어가는 출입구나 계단은 어쩔 수 없이 보상 아파트의 모습을 하고 있다. 또한 엘리베이터가 없으니 징팅위엔에 집을 구할 때는 이 점을 감수해야 한다.

구가상군, 상하이풍경, 완위앤신청, 천안호원

홍취엔루에 접하고 있지는 않지만 홍취엔루보다 임대료가 저렴하고 한인타운 생활권을 누릴 수 있어 한국인이 많이 사는 단지도 있다.

지하철 9호선 흐어촨루역(合川路站)에 가까운 구가상군(九歌上郡), 상하이풍경(上海风景), 완위앤신청(万源新城)과 9호선 싱종루역(星中路)과 가까운 천안호원(天安豪园) 이다. 지하철을 타고 출퇴근하는 경우라면 홍취엔루 인근 아파트보다 이런 아파트들이 위치적으로 좋다.

(좌)구가상군, (우)상하이풍경

(좌)완위앤신청, (우)천안호원

CHECK 03

구베이 지역 아파트 단지 둘러보기

홍취엔루 다음으로 한국인이 많이 사는 지역은 구베이(古北)이다. 홍취엔루는 한국인 위주로 형성된 한인타운인 데 반해 구베이 지역은 한국인뿐만 아니라 미국이나 유럽에서 파견 나온 외국인 그리고 일본인, 대만인들도 많이 거주해서 국제사구라고 불린다.

구베이는 행정구역상 창닝취에 속하고 구베이루(古北路)라는 길을 기점으로 구베이 1기와 2기로 나뉜다. 구베이 1기에 해당하는 아파트는 사계정원, 상청 업타운 그리고 로마화원, 아테네 화원 등이다. 구베이 지역을 대표하는 명도성 아파트는 행정구역상 창닝취가 아니고 민항취에 속하므로 엄밀히 말하면 구베이 지역은 아니다. 그러나 한국인이 가장 많이 살고 구베이 1기와 같은 생활권이기 때문에 구베이 1기로 본다.

구베이 2기는 구베이루 동쪽 지역으로 황진청따오 보행가 거리를 중심으로 마주 보고 있는 6개 단지가 대표적인 아파트이다. 최근에는 6개 단지 외에 국제광장 아파트까지 구베이 2기로 본다. 구베이 1기보다 나중에 개발되어 아파트 품질도 좋고 단지내 실내 수영장 등 편의 시설도 잘 갖추고 있어 임대료 예산이 높은 경우라면 구베이 2기 아파트를 선호한다.

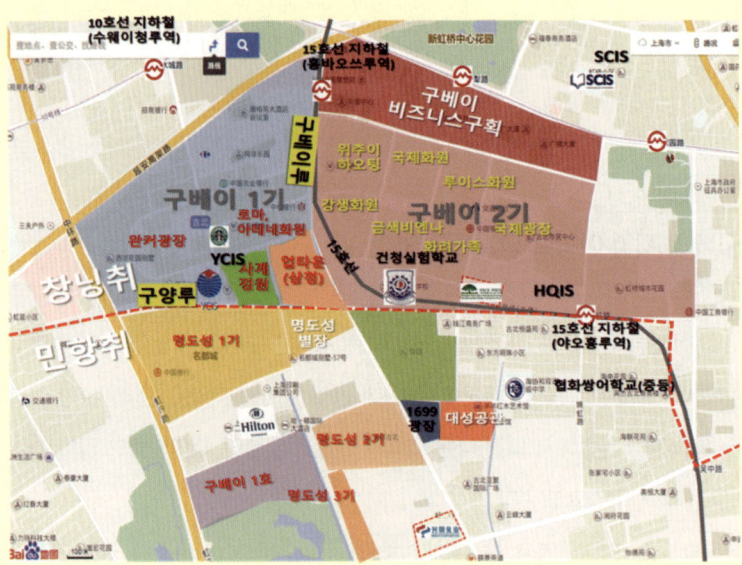

구베이 지도

구베이 1기 단지들부터 살펴보자.

명도성 1기(名都城 一期)

구베이 1기를 대표하는 아파트는 명도성(名都城) 아파트이다. 중국어 발음은 밍뚜청이지만 한국 교민들은 한국식으로 명도성이라고 부른다. 민항취 홍쉬루 788농(闵行区虹许路788弄)에 있고 1997년에 건설되어 구베이의 원조 아파트면서 아직도 구베이를 대표하는 아파트이다. 현재는 1기뿐만 아니라 2기, 3기까지 지어져 있다.

1997년에 지어진 아파트이다 보니 수도 배관이 오래돼서 녹물이 나오고, 누수가 되는 등 문제가 많지만 여전히 인기가 있는 이유는 아파트 단지에 들어가면 마치 공원에 온 듯한 착각을 일으킬 정도로 녹지율이 높고 조경이 잘 되어 있기 때문이다. 녹지율이 무려 67%나 되고 용적률은 1.4밖에 되지 않아 쾌적하다. 단지 곳곳에 비치된 조각상들과 유럽풍의 아파트 외관은 고풍스럽고 우아하게 느껴지게 한다. 야외 수영장이 있어 상하이의 무더운 여름을 시원하게 보낼 수 있을 뿐만 아니라, 여러 국가에서 온 외국인들이 같이 이용하다 보니 중국이 아니라 유럽 어느 나라에 온 듯한 착각을 불러일으킨다.

구베이 1기의 다른 단지에 비해 임대료가 저렴한 편이라 많은 사람들이 선호하지만 명도성 1기 집을 고를 때는 고려해야 할 점이 있다.

1) 홍쉬루 도로 쪽에 위치한 동(1~4동, 31~32동, 34동)은 소음이 심하므로 피하자.(30동도 홍쉬루에 접하고 있지만 예외이다. 개발상이 몇 년 전까지 보유하다가 낡은 수도관을 교체하고 내부 인테리어를 다시 한 후 재분양해서 집도 깨끗하고 방음도 잘 되는 편이라 선호한다)

홍쉬루는 상하이 교통 환선 중에서 중환선에 해당하므로 교통량이 많아 낮뿐만 아니라 밤늦도록 자동차 소음이 심하다. 그래서 다른 동에 비해 임대료가 저렴하다. 명도성에 살고 싶은데 임대료 예산이 낮다면 이쪽을 고려해 볼 수 있다. 단, 소음은 참고 살아야 한다.

2) 단지가 워낙 크다 보니 입구까지 나오는 데도 한참 걸린다. 특히 아침에 스쿨버스를 타고 학교 가는 학생이 있다면 안쪽보다는 입구 쪽을 선택하기를 추천한다. 그렇지 않으면 아침마다 스쿨버스 놓친다고 큰 소리를 내며 하루를 시작할 수 있다.

3) 아파트 내부가 반듯하지 않고 사선으로 된 방이 있는 평형도 있다. 구조 때문에 다른 단지를 선택하기도 하는데, 138㎡와 167㎡는 반듯한 구조이니 집을 구할 때 참고하자.

명도성 1기 아파트 전경

주소: 闵行区虹许路788弄

건축년도: 1997~1999년 / 세대수: 1512 / 동수: 29동

용적률: 1.4 / 녹지율: 67%

주차비율 1:2(주차장 이용료: 150위안/월)

명도성 1기 단지내 정원: 마치 공원에 들어온 것처럼 잔디밭이 잘 되어 있고 피크닉 온 것처럼 돗자리를 펴고 즐기기도 한다.

(좌)클럽 하우스 내부: 피트니스룸, 음식점, 학원 등이 있다. (우)유럽풍으로 꾸며진 아파트 외관

사계정원(四季晶园)

　명도성 1기 아파트 정문에서 구양루만 건너면 사계정원(四季晶园) 아파트이다. 명도성은 민항취이지만 사계정원부터는 창닝취에 해당한다. 2003년에 지어져 명도성에 비하면 새 아파트이고 아파트 내부 구조도 네모반듯해서 가구 배치하기 좋은 구조이다. 동 간 거리도 넓어서 전반적으로 채광이 좋은 아파트이다. 정문은 상청 업타운과 마주하고 있지만 수웨청난루(水城南路) 쪽으로 작은 문이 나 있어 생활 편의 시설이 많은 완커광장으로 가기도 편하다. 예청국제학교(YCIS)와도 제일 가까운 단지라서 자녀가 이 학교에 다닌다면 최고의 위치이다. 그러나 단지가 크지 않아 세대수가 많지 않고 단지 내 클럽하우스가 없다는 단점이 있다.

사계정원

주소: 长宁区水城南路16弄

건축년도: 2003년 / 세대수: 297 / 동수: 10동 / 용적률: 2 / 녹지율: 40%

주차비율 1:1(주차장 이용료: 450위안/월)

상청 업타운(上城 UPTWON)

  상청 업타운 아파트는 사계정원 아파트 동쪽에 있고 구베이 1기와 2기를 구분하는 구베이루(古北路)를 접하고 있다. 아파트의 정식 이름은 구베이신위앤(古北新苑)인데, 영어 이름이 업타운(UPTWON)이다 보니 업타운을 중국어로 표현한 상청(上城)으로 불린다. 사계정원과 비슷한 시기에 지어졌으며, 원룸부터 큰 평형대까지 다채로운 면적을 보유하고 있어 1인 가정부터 대가족까지 여러 계층의 수요를 충족시키는 단지이다. 휘트니스 센터와 실내 수영장이 있는 단지 내 클럽하우스도 있어 구베이 1기 다른 아파트 단지에 비해 임대료가 조금

높게 형성되어 있다. 그러나 바로 길 건너 구베이 2기보다는 저렴하므로 구베이 2기 임대료가 부담스러운 경우는 상청 업타운을 선택한다.

| **상청 업타운**

주소: 长宁区 古北路1398号

건축년도: 2002~2003년 / 세대수: 587 / 동수: 15동/ 용적률: 2.9/ 녹지율: 40%

주차비율 1:1.2(주차장 이용료: 1,000위안/월)

완커광장 주변의 아파트들(로마 화원, 아테네 화원, 파리 화원 등)

구베이는 홍취엔루 한인타운처럼 한국 식당이나 마트가 몰려 있지 않지만 홍취엔루 같은 역할을 하는 곳이 완커광장(万科广场)이다.

완커광장 남빌딩, 북빌딩(万科广场 北楼, 南楼)

한국에서 광장이라 하면 개방된 넓은 공간이란 뜻이지만 중국에서 광장은 개방된 공간이란 뜻 외에 사람들이 많이 모일 수 있는 공간을 의미한다. 그래서 큰 빌딩에 무슨 무슨 광장이라는 이름을 붙이는 경우가 많다. 완커광장도 구베이 1기가 개발될 당시엔 엄청 높고 큰 건물이었기에 광장이라는 이름을 붙인 것이다. 완커광장에는 한국인이 구베이에 모여 사는 첫 번째 이유인 특례 학원이나 영어 학원이 있다.

최근에는 완커광장 외에 명도성 2기 근처에 1699 상업광장에 식당이 많이 생기

로마화원

고 학원도 힐튼 호텔 뒤쪽으로 이동했지만 완커광장은 여전히 구베이 1기 생활의 중심이다.

완커광장 주변으로 명도성 1기가 생기기 전부터 터를 잡고 있던 많은 아파트가 있다. 이 아파트들 이름을 보면 중국이 미국은 싫어하지만 유럽에는 호의적이라는 것을 알 수 있다. 로마 화원, 아테네 화원, 파리 화원, 노트르담 화원, 리앙 화원, 런던 광장 등 이름만 보면 중국인지 유럽인지 분간이 안 될 지경이다. 이 아파트들은 단지 구분이 명확하지 않고 외관도 비슷해서 마치 한 단지같이 보인다. 아파트도 오래됐고 구조도 반듯하지 않아서 한국인에게 인기는 별로 없지만 외관은 멋있다.

(좌)파리화원, (우)여러 단지가 마치 한 단지인 것처럼 보인다. 단지 사이에 있는 조형물

구베이 2기 단지들을 살펴보자.

구베이 2기는 구베이루 동쪽 지역이다. 그 중심에 황진청따오 보행가 거리가 있고 이곳은 차량 진입이 안 되므로 광장에서 공연도 하고, 아이들이 맘 놓고 뛰어놀 수 있다. 예쁜 카페도 많아 야외에서 커피를 마시며 여유로운 상하이 라이프를 느낄 수 있다.

겨울에도 영하로 내려가지 않는 상하이에서 단풍을 보기 쉽지 않지만 이곳의 가로수는 은행나무로 되어 있어 가을이 되면 온통 노란색으로 물들어 황친청따오 보행가 거리를 더욱 멋스럽게 한다.

황진청따오 보행가 거리: 차가 다니지 않아서 광장에는 아이들이 맘 놓고 뛰놀 수 있고, 카페나 레스토랑은 유럽처럼 야외 테이블을 마련해 놓았다.

황진청따오 보행가 거리 가을 모습
출처: 灏鹤影像空间

국제화원(国际花园)

황진청따오 보행가 거리를 중심으로 6개 단지가 마주 보고 있는데 위추이하오팅, 국제화원, 루이스화원, 강생화원, 금색비엔나, 화려가족 아파트이다. 이 중에 한국인이 가장 많이 거주하는 단지가 국제화원(国际花园) 아파트이다. 중국어 발음은 궈지화위앤이지만 한국 교민들은 한국식으로 국제화원이라고 부른다.

인테리어가 되지 않은 모패로 분양되었고, 많은 한국인이 구매하면서 한국식 인테리어를 하고 보일러를 설치해서 지금도 한국인 취향에 맞는 집들이 많다. 총 869세대, 15개의 동으로 이루어졌고 황진청따오 보행가 거리 중앙에 자리

잡고 있다. 단지 바로 뒤에 일본 다카시마야 백화점(上海高島屋百货)과 지하철 10호선 이리루역(伊犁路站)이 있어 교통과 생활 모두 편리하다. 아쉬운 점은 클럽하우스에 실내 수영장이 없어 다른 단지 시설을 이용해야 한다.

국제화원

주소: 长宁区 黄金城道600弄

건축년도: 2006년 / 세대수: 869 / 동수: 15동 / 용적률: 2.9 / 녹지율: 56%

주차비율 1:0.9(주차장 이용료: 600위안/월)

위추이하오팅(御翠豪庭)

홍콩에서 1달러를 사용하면 5센트는 이가성한테 간다라는 말이 있다. 위추이하오팅(御翠豪庭)은 홍콩 갑부 이가성 회사 흐어지황푸(和记黄埔, 허치슨 왐포아)에서 개발한 아파트이다. 그래서 위추이하오팅이라고 부르기보다 이가성 아파트라고 더 많이 부른다.

출처: 贝壳找房

구베이 2기 중에서 가장 늦게 분양되었으며, 국제화원과 달리 개발상에서 인테리어를 해서 분양했다. 분양 가격도 주변 시세보다 높아서 이슈가 됐던 단지이다. 건축 스타일은 아르 데코(ARTDECO)(1920~1930년대 파리 중심의 장식 미술의 한 형태, 기능적이고 고전적인 직선미를 추구했고 대표적 배색은 대표적으로 검정, 회식, 녹색의 조합에 갈색, 크림색, 주황색의 조합도 일반적이다) 스타일로 외벽선이 간결하고 명쾌하고 색상도 연한 녹색과 갈색 배합을 사용해서 독특하다. 구베이루에 접하고 있는 두 동의 꼭대기는 왕관 형상으로 만들어 권위를 상징하는 듯하다.

클럽하우스에는 실내 수영장, 휘트니스, 요가, 사우나 시설을 잘 갖추고 있다. 현재도 구베이 2기 다른 단지에 비해 매매 가격이나 임대료도 높게 형성되어 있다. 그러나 외관의 화려함에 비해 내부 인테리어는 다른 단지와 비슷하므로 임대 집을 얻을 때 본인 예산보다 무리해서 위추이하오팅만을 고집할 필요는 없다.

위추이하오팅

주소: 长宁区 黄金城道688弄

건축년도: 2008년 / 세대수: 1218 / 동수: 15동 / 용적률: 3.5 / 녹지율: 50%

주차비율 1:0.8(주차장 이용료: 800위안/월)

국제광장(国际广场)

　국제광장(国际广场) 아파트는 황진청따오 보행가 거리에서 길 하나 건너에 있다. 그래서 예전에는 6개 단지보다 선호도가 낮아 임대료도 저렴했으나 단지 앞쪽에 홍차오 국제학교(HQIS)가 들어오면서 달라졌다. 이 학교를 보내는 경우라면 길을 건너지 않아도 되는 국제광장을 선택하다 보니 매매 가격이나 임대료도 황진청따오 보행가 6개 단지와 비슷해졌다.

　단지는 반원형으로 생겼고 구베이 2기 황진청따오 보행가 거리를 바라보고 있다. 지하철 10호선 이리루역(伊犁路站)을 이용해도 되지만 15호선이 개통되면서 야오홍루역(姚红路站)까지 이용할 수 있어 상하이 동서남북으로 이동하기 편리하다.

국제광장

주소: 长宁区 富贵东道229弄

건축년도: 2006년 / 세대수: 678 / 동수: 12동 / 용적률: 2.5 / 녹지율: 40%

주차비율 1:1.1(주차장 이용료: 600위안/월)

중국 집 인테리어의 특징은 무엇인가요?

한국에서는 당연히 집을 분양받으면 인테리어가 되어 있지만, 중국은 꼭 그렇지 않다. 요즘은 대부분 인테리어를 해서 분양하지만, 예전 분양했던 집들은 모두 인테리어를 하지 않은 상태, 즉 시멘트벽 상태로 분양했다. 인테리어가 안 된 집을 마오피(毛坯)라고 하는데, 한국인은 한자 발음대로 모패라고 부른다.

한인타운에 있는 대부분의 집은 모패로 분양해서 집주인이 인테리어를 개별적으로 한 것이다. 그래서 집집마다 인테리어가 다르기 때문에 집을 구할 때 같은 구조라 해도 일일이 다 확인해야 한다. 중국 사람들은 빨갛고 묵직한 홍목을 사용해서 인테리어 하는 것을 좋아한다. 중후한 느낌이 들고 튼튼하지만, 집에 들어갔을 때 어두운 느낌이라서 한국사람은 선호하지 않는다. 또한 상하이의 여름은 덥고 습하다 보니 자칫 잘못하면 벽에 곰팡이가 생기는 경우가 많아서 한국처럼 벽지를 붙이지 않는다. 회색 시멘트벽에 석고를 칠해 하얗게 한 상태라 처음 보는 사람들은 이상해 보일 수 있다.

집 구조나 동선도 우리와 맞지 않는다. 특히 이해가 안 되는 것은 집 면적에 비할 때 주방이 너무 작고 애매한 곳에 위치해 있다. 한국에서 주방은 주부의 공간이라고 해서 주방을 어떻게 설계하느냐가 주부의 마음을 얻을 수 있는 관건이 된다. 그래서 주방은 개방형으로 크고 예쁘게 집의 중앙에 위치해 놓지만, 중국에서는 주방은 가사도우미를 위한 공간이다. 중국은 인건비가 저렴하기 때문에 아직도 가사도우미를 쓰는 경우가 많다. 그렇다 보니 주방은 최대한 작게 만들고, 집 한켠에 배치한다.

또한 중국은 화력을 세게 해서 기름에 볶는 요리가 많아 주방을 개방형으로 하게 되면 요리할 때마다 집 안이 온통 기름 냄새로 진동하게 된다. 그래서 중국 주방은 냄새가 새어 나가지 않게 문을 닫게 만들어져 있어 우리가 보기엔 답답하게 느껴진다.

중국식 주방: 집은 넓어도 주방은 최대한 작게 구석에 배치하고 문을 달아 기름 냄새가 밖으로 새어 나가지 않게 한다.

날씨는 따뜻한 편이라 겨울에도 영하로 내려가지 않기 때문에 인테리어를 할 때 보일러를 설치하지 않는다. 영하로 온도가 내려가지 않는다고 해서 춥지 않은 것은 아닌데 보일러가 없다 보니 뜨끈한 아랫목에 허리를 지지는 것은 누릴 수 없다. 또한 상하이는 바다와 가까워서 습도가 높고 겨울에는 비도 많이 와서 뼛속까지 으슬으슬 춥다. 그럴 때는 에어컨 겸용인 난방기를 사용한다.

그래도 바닥부터 뜨끈하게 데워주는 보일러와 달리 위쪽 공기만 따뜻하게 해주는 에어컨 난방기를 틀면 공기도 건조해지고 한국에서 느끼는 훈훈함이 없어 몸이 움츠러든다. 다행인 것은 에어컨은 거실과 모든 방에 설치되어 있고 한국보다 전기세가 저렴하고 심야 전기는 낮보다 더 저렴해서 마음 놓고 사용할 수 있는 것이다.

또 하나 놀라운 것은 베란다 샤시가 없는 것이다. 뒤 베란다에 샤시가 설치되어 있는 경우도 있지만 앞 베란다에 설치하게 되면 바람이 잘 안 들어온다는 이유 때문이다. 베란다 문을 열면 바로 떨어질 것 같은 아찔함에 처음에는 무서웠다. 앞뒤 베란다에 샤시를 설치하면 활용할 수 있는 공간이 많아진다는 우리의 생각과는 많이 다른 것이다.

이렇게 생활 방식이 달라 중국식으로 인테리어가 되어 있는 집은 한국사람들이 별로 선호하지 않는다. 그래서 한국사람이 구매해서 본인이 거주하기 위해 인테리어를 한 집들은 인기가 많다. 아니면 중국 주인이 한국인에게 임대하기 위해 보일러를 설치하고, 집 구조도 개조해서 주방은 개방형으로 하고, 붙박이장도 많이 넣고, 밝은 색상 톤으로 인테리어를 하고 벽지까지 붙인 집들이 있다. 이런 집들은 인

샤시가 설치 되어 있지 않은 베란다

기가 있고 임대료도 다른 집보다 비싸다.

　월세이다 보니 기본적으로 생활할 수 있는 가구, 가전이 모두 제공된다. 기본 가구라 하면 침대, 장롱, 소파, 소파 테이블, TV 장식장, 식탁과 의자, 신발장 정도이고, 가전이라고 하면 TV, 냉장고, 세탁기, 에어컨 정도이다. 가구, 가전이 제공되지만, 중국 사람과 한국 사람의 생활 방식이 달라 맘에 들지 않는 경우가 많다.

　특히 냉장고나 세탁기 크기가 이해가 안 되게 작다. 한국 사람은 이불 빨래를 해야 해서 10kg도 작게 느껴지지만, 보통 임대 집에 제공되는 세탁기는 7kg 전후인 경우가 많다. 냉장고도 양문형 냉장고인 경우보다는 일자형 작은 크기가 많다. 한국 사람은 냉장고를 그득하게 채워 놓지만, 중국 사람은 밑반찬보다는 그날그날 해 먹는 즉석 요리가 많다 보니 퇴근하면서 시장에 들러 그날 필요한 양만큼만 식재료를 구매한다. 중국 재래시장이나 마트 야채 판매대 등 모든 가게에 저울이 있다. 파 한 뿌리, 달걀 두 개, 감자 하나, 쌀 두 컵 이런 식으로 매일 매일 신선한 식재료를 필요한 만큼만 구매할 수 있으니 냉장고가 굳이 클 필요가 없다.

가전만 그런 게 아니고 가구도 마찬가지다. 한국 사람은 잔살림이 많아 붙박이장을 선호하지만, 중국 사람은 잔살림이 많지 않아서 공간이 좁아지는 붙박이장을 만들지 않는다. 그렇다 보니 집을 얻을 때는 주의 깊게 보지 않았다가 이사와서 살림살이를 넣을 데가 없어 난감한 경우가 많다. 기본 가구, 가전은 제공되지만, 추가로 필요한 것이 있다면 요청할 수 있다. 다만 요청 정도에 따라서 월세가 올라갈 수도 있다. 중국의 가구, 가전이 맘에 들지 않아 한국에서 중국으로 이사오면서 본인의 것을 다 들고 오는 사람들이 있는데, 집주인들이 가장 싫어한다. 빼고 나서 다음 세입자가 요구하면 다시 사야 하기 때문이다. 특히 침대나 소파를 가져오는 것은 절대 금물이다. 이사할 때마다 집주인과 실랑이해야 하므로 골칫거리가 될 것이다. 내가 처음에 쌀을 챙겨와서 짐이 된 것처럼 혹시 냉장고, 침대를 갖고 올 생각이라면 과감히 버리고 오거나 중고로 팔아서 돈으로 들고 오길 바란다.

중국에 올 때 가족이 다 같이 오지 않고 우선 남편이 먼저 와서 임대 집을 구한 후에 가족이 들어오는 경우가 많다. 남편이 나름 여러 집을 시간내어 가서 보고 아내에게 해당 집 사진을 보내주면서 어렵게 골랐음에도 나중에 와보고 뭐 이런 집을 구했냐고 부부 싸움하는 경우가 많다. 한국에서 갓 온 아내 입장에서는 당연히 집이 마음에 들지 않을 것이다. 그러나 먼저 온 남편이 최선을 다했음을 1년 살아보고 다른 집을 구해 보면 이해하게 될 것이다.

중국식 인테리어

가장 흔하게 볼 수 있는 일반적인 인테리어

베란다 확장, 빌트인 가구 가전, 시스템 에어컨을 설치한 현대식 인테리어. 같은 단지라도 이와 같이 인테리어가 좋으면 임대료가 훨씬 비싸다.

상하이 월세, 얼마면 돼?

　원빈이 출연한 영화 '아저씨'의 유명한 대사 "얼마면 돼?"가 생각난다. 중국에 와서 월세를 찾아다니며 "월세 얼마면 돼!"라고 영화 대사처럼 이야기했다가 놀란 적이 있다. 중국에는 전세가 없다. 주택, 상가, 사무실 모두 월세 방식이다. 월세를 결정하는 요인으로 좋은 동, 좋은 층뿐만이 아니라 집의 구조, 인테리어 수준에 따라 금액이 천차만별이다. 거기에 관리비만 포함하느냐, 임대소득에 대해 집주인이 내야 하는 세금 일명 빠표(发票, 빠피야오)까지 포함하느냐에 따라 임대료가 달라진다.

여기서 관리비는 한국에서 생각하는 관리비와 조금 다르다. 이곳의 관리비는 전기, 수도, 가스, 인터넷 등의 공과금이 포함되지 않은 아파트를 관리하기 위한 순수 관리비를 말한다. 그래서 아파트마다 관리비는 ㎡당 얼마로 정해져 있고, 이 금액에 집이 몇 평인지를 곱하면 된다. 한국은 세대수가 많아질수록 관리비가 적어져 대형 단지를 선호하지만 중국은 ㎡당 관리비가 정해지므로 같은 지역이라면 세대수가 많다고 해서 관리비가 줄지는 않는다. 물론 대형 단지 내에 부대시설이 많아 선호하기는 한다. 좋은 건 일반적으로 아파트 관리비는 집주인이 낸다는 것이다.

그래서 홍취엔루 한인타운에서는 관리비만 포함해서 임대료를 얘기하고 빠표가 필요한 경우는 세금 부분만큼 올라간다. 그러나 구베이 지역은 상대적으로 임대료도 높고, 대부분 주재원들이 거주하므로 회사에 임대 영수증을 제출해야 한다. 그래서 임대료는 빠표까지 포함한 금액으로 얘기한다. 영수증이 필요 없는 경우는 세금액을 제하고 적게 낼 수 있다. 세금액은 임대료에 따라 다르지만 임대료의 2.3~5% 해당하므로 필요 없는 경우는 이만큼 임대료가 낮아질 수 있다.

그렇다면 월세라고 해서 보증금이 없을까? 월세를 내지 않고 이사 가버리거나, 공과금 미납금이 있을 수도 있고, 제공된 가구와 가전, 집을 손상시킬 수 있으므로 이를 대비해서 보증금이 있다. 정해진 규칙은 없지만 보증금은 임대료와 제공되는 가구, 가전의 수준에 따라서 달라진다.

보증금은 일반적으로 2달 치 월세로 정한다. 보증금을 정하는 방식은 지역이나 월세 금액에 따라 바뀌기도 한다. 1달 치 월세를 보증금으로 정하고 월세 2~3달 치를 보증금과 함께 내는 방식도 있다. 보증금은 중국어로 야진(押金)이라고 부르고 월세는 낸다는 푸(付)를 써서 야2푸1, 야1푸2 이런 식으로 표현한다. 예를 들어 '야2푸1'은 보증금은 2달 치 월세에 1달에 한 번씩 월세를 내는 방식을 의미한다.

월세가 얼마면 돼? 라는 궁금증이 생길 것이다. 그래서 홍취엔루 지역과 구베이 지역으로 나눠서 임대료 현황을 정리해 본다.(환율을 180원으로 계산한 월세) 방 3칸 보일러 있는 집을 얻으려면 홍취엔루 한인타운 지역에서는 280만 원 ~360만 원, 구베이에서는 480만 원 ~680만 원이 든다. 자비로 월세를 내면서 상하이에서 생활하기가 쉽지는 않다. 그러니 월세를 계약할 때 신중해야 한다. 가장 중요한 것은 계약서를 볼 줄 알아야 한다는 것이다.

홍취엔루 한인타운(2024년 3월 기준 월세)

■ 금수강남 1기, 2기

  1) 방 2칸: 보일러 13,000~14,000위안/월, 무보일러 10,000~12,000위안/월
  2) 방 3칸: 보일러 13,000~20,000위안/월, 무보일러 10,000~16,000위안/월
  3) 방 4칸: 보일러 14,000~23,000위안/월, 무보일러 14,000~18,000위안/월

■ 금수강남 4기

  1) 방 2칸: 보일러 12,000~20,000위안/월, 무보일러 11,000~15,000위안/월
  2) 방 3칸: 보일러 14,000~23,000위안/월, 무보일러 14,000~18,000위안/월
  3) 방 4칸: 보일러 18,000~25,000위안/월, 무보일러 15,000~20,000위안/월

■ 풍도국제

  1) 방 2칸: 보일러 14,000~20,000위안/월, 무보일러 12,000~16,000위안/월
  2) 방 3칸: 보일러 17,000~27,000위안/월, 무보일러 15,000~20,000위안/월
  3) 방 4칸: 보일러 19,000~30,000위안/월, 무보일러 15,000~20,000위안/월

구베이 지역(2024년 3월 기준 월세)

- **구베이 1기**

  - **명도성 1기**: 보일러 없는 집은 1,000위안 정도 저렴

    1) 방 2칸: 보일러 12,000~19,000위안/월

    2) 방 3칸: 보일러 17,000~27,000위안/월

    3) 방 4칸: 보일러 20,000~28,000위안/월

  - **명도성 2기**

    1) 방 2칸: 보일러 16,000~22,000위안/월

    2) 방 3칸: 보일러 21,000~26,000위안/월

    3) 방 4칸: 보일러 30,000~35,000위안/월

  - **명도성 3기**

    1) 방 3칸: 보일러 27,000~36,000위안/월

  - **상청 업타운**

    1) 방 3칸: 보일러 22,000~30,000위안/월

    2) 방 4칸: 보일러 22,000~40,000위안/월

  - **사계정원**

    1) 방 3칸: 보일러 22,000~30,000위안/월

- 구베이 2기
  - 위추이하오팅, 국제화원, 루이스화원, 강생화원, 금색비엔나, 화려가족, 국제광장은 대부분 비슷한 가격에 형성되어 있음
    1) 방 2칸: 보일러 22,000~28,000위안/월
    2) 방 3칸: 보일러 28,000~38,000위안/월
    3) 방 4칸: 보일러 35,000~60,000위안/월

임대 계약서 쓰기 전 봐야 하는 내용

이 정도 월세이면 궁궐 같은 집을 기대하겠지만 인테리어는 이미 이야기했기에 머릿속에 조그마한 아파트를 상상하는 게 좋다. 여기서 1년을 살지 10년을 살지 모르니 신중하게 골라야 한다. 나도 잠깐 있을 줄 알았던 상하이에서 15년 넘게 살고 있으니 말이다. 어떠한 이유로든 적당한 집을 찾았다면 계약서를 쓰게 된다.

계약서는 흐어통(合同)이라고 부른다. 본계약서를 쓰기 전에 의향서라는 것을 쓰는 경우도 있는데 가계약서라고 생각하면 된다. 이때 원하는 조건을 기재한 의향서를 작성하고 일정 금액을 걸어서 살 의향이 있다는 것을 보여주는 것이다. 이때 내는 돈을 의향금(意向金, 이샹진)이라고 한다.

구두 계약이 아닌 돈을 내고 가계약이라도 하라는 의미다. 말보다 돈을 믿는 중국 사람의 생각이 잘 드러나는 부분이다. 보통은 집을 보고 마음에 들면 중개 부동산 담당자에게 요구 사항을 말하고 집주인이 동의하면 바로 만나서 계약서를 작성하는 경우가 많기 때문에 의향서는 생략한다. 그러나 의향서를 이야기하는 것은 매매할 때 꼭 필요하기 때문이다.

계약서는 모두 중국어로 쓰여 있어서 내용을 이해하기 쉽지 않을 것이다. 물론 부동산 중개소에서 내용을 설명해 주지만 기본적인 내용을 알면 불이익을 당하지 않을 수 있기 때문에 계약서 내용 몇 가지는 알고 있어야 한다.

임대 계약서는 주린 흐어통(租赁合同)이라고 한다. 임대 계약서는 《중화인민공화국계약법》,《상하이시 주택임대조례》에 근거하여 작성한다.

첫 단락은 갑방과 을방의 이름을 적게 되어 있다. 갑방은 집주인이고 을방은 세입자이다. 을방이 개인일 경우는 개인 이름을 적고, 주재원들은 회사명을 적기도 한다. 회사 명의로 계약할 경우는 맨 마지막 페이지에 회사 법인 도장을 찍어야 한다.

제1조 임대물의 주소를 적는다. 행정구 명칭과 도로명, 번지수, 동 호수를 적는다.

제2조 임대물의 사용 목적을 적는데 주택이므로 사용 목적은 '거주'여야 한다. 간혹 주택을 구해 놓고 사무실로 쓰거나 장사를 하는 경우가 있는데 목적에 부합하게 사용하지 않은 것이라 위약 처리하고 내보낼 수 있으니 조심해야 한다.

제3조 임대 개시일과 종료일을 적는다. 임대 기간은 보통 1년으로 하는데, 집주인과 협의해서 더 길게 할 수도 있다. 이 기간에 집주인이 세입자를 나가라고 할 수 없고 반대로 세입자도 이 기간은 지켜 줘야 한다. 쌍방이 임대 기간을 지키지 않을 경우는 위약이므로 위약금을 내야 한다. 위약금은 보증금과 같은 금액으로 책정하는 것이 일반적이다.

갑자기 한국으로 발령이 나서 기간을 채우지 못하고 귀국하는 경우가 있다. 이때 보증금을 집주인이 돌려주지 않아 떼였다고들 말하는데 보증금을 떼인 게 아니고 본인이 위약했으므로 보증금을 위약금으로 처리한 것이다. 이와 반대로 임대 기간에 집주인이 집을 팔아서 중간에 나가야 하는 상황이 생길 수도 있다. 이 경우는 반대로 집주인의 위약이므로 위약금을 청구할 수 있다.

임대 만기 한 달 전에 연장을 하는지, 이사를 하는지 알리고 연장할 경우는 연장 계약서를 써야 한다. 계속 살겠다고 구두로만 계약하고 계약서를 쓰지 않는 경우가 있는데 그렇게 되면 어느 날 갑자기 주인이 나가라고 해도 보호받지 못한다. 꼭 간단하게라도 연장한다고 서면으로 작성해 두는 것이 좋다.

제4조 월세 금액과 납부일, 월세를 보내야 할 집주인 은행 계좌 정보를 적는다. 계약서에 적는 숫자는 우리가 아는 一二三四…로 쓰면 변경할 수 있으므로 갖은자(大寫, 따시에)라고 하는 숫자 壹貳叁肆…로 기재한다.

제5조 보증금을 적는다. 몇 개월의 월세에 해당하는지를 적는데, 보증금을 받은 집주인은 영수증을 발행해 줘야 한다. 이때 받은 보증금 영수증은 잘 보관해 두어야 한다. 악독한 주인은 보증금 영수증이 없다고 이사 나갈 때 보증금을 돌려주지 않는 일도 간혹 있다.

그리고 수도, 전기, 가스는 을방인 세입자 부담, 관리비와 임대소득세(빠표)는 집주인 부담으로 기재한다. 공과금까지 집주인이 낸다거나 관리비를 세입자가 내는 조건으로 한다면 실제 상황에 일치하도록 기재하면 된다. 보증금은 이사하게 되면 돌려받는데, 일반적으로는 당일 돌려받는 것으로 기재한다. 이삿짐을 빼고 집 상태를 확인하고, 수도, 전기, 가스계량기를 검침한 후 공과금 정산을 마치고 제외할 것이 있는지 확인하고 돌려준다.

제6조 수리에 관한 내용이다. 기본 가구, 가전은 집주인이 제공하므로 중요하게 생각하는 항목이다. 임대 기간에 고장이 생겼을 경우

집주인에게 얘기해서 수리를 요청해야 한다. 집주인은 이를 수리할 의무가 있고 정해진 기간 내로 수리를 해야 한다. 기간은 보통 3~5일로 정한다.

집주인이 해외에 있거나 수리기사를 보내기 어려운 경우 집주인과 협의해서 세입자가 수리하고 비용을 월세에서 제외할 수 있다. 어디까지 수리 범위인가에 대해서 분쟁이 생기는 경우가 많은데, 세입자가 고의로 고장 낸 경우는 세입자 부담이고 사용을 하다가 자연적으로 고장이 난 경우는 수리를 요청할 수 있다. 전등과 같이 소모품들은 세입자가 교체해야 한다.

수리할 것이 있음에도 이사 가야 할 날짜를 받아 놓은 경우 수리를 미루는 경우가 많은데 자칫 잘못하면 이로 인해 보증금을 못 돌려받을 수 있다. 수리할 게 있으면 미리미리 집주인에게 요청하는 것이 좋다.

제7조 만기일이 지나서 며칠을 더 살 때 어떻게 계산할 것인가에 관한 조항인데, 하루 임대료를 계산해서 일 수로 환산해서 지급하게 되어 있다. 그러나 간단한 계약서에는 이런 부분에 관한 내용이 없어서 하루만 더 살아도 한 달 치 임대료를 달라고 하는 경우가 많으므로 계약서 비고란에 추가로 적어 두면 좋다.

계약서마다 다소 내용이 다를 수는 있지만, 대부분 계약서에는 이 비슷한 내용을 적는다. 내용을 확인하고 문제가 없다면 갑방인 집주인, 을방인 세입자, 병방인 중개 부동산이 모두 서명하고 나눠 갖는다. 임대 계약서 외에 가구 리스트도 작성하고 입주 당일 수도, 전기, 가스를 검침해서 공과금 고지서 발행된 이후 전 세입자가 사용한 공과금을 정산한다.

이 부분을 잘 모른다면 부동산 중개인과 이야기하게 되겠지만 알고 있어야 손해를 보지 않는다.

중국어로 된 계약서가 복잡하고 어려워 보이지만 임대 계약에서 집주인의 가장 중요한 의무는 제날짜에 이사 들어갈 수 있게 해주고 제공하는 집과 가전 가구를 정상적으로 사용할 수 있게 수리해 주는 것이다. 반대로 세입자는 월세를 제날짜에 꼬박꼬박 내고, 제공된 집을 내 집처럼 잘 사용하면 된다. 간단한 계약서이든 복잡한 계약서이든 이것만 지키면 위약이 생길 일도 이사 나갈 때 보증금 분쟁이 생길 일도 없다.

상하이 집여사 부동산 노트

CHECK 04
임대 계약 서류 살펴보기

임대 계약을 할 때 작성하게 되는 서류에 대해서 살펴보자.

임대 계약서뿐만 아니라 임대 만기 후 다시 연장할 때 사용하는 연장 계약서, 보증금 영수증, 가구 리스트 등이 필요하다.

부동산마다 사용하는 양식이 조금씩 다르지만 《중화인민공화국계약법》, 《상하이시 주택임대조례》에 근거하여 작성하므로 포함되는 내용이나 형식은 비슷하다.

임대 계약서에는 일반적으로 임대 매물에 대한 상황, 집주인 정보, 주소, 면적, 방산증 번호 등에 대한 기본적인 사항과 계약 기간, 임대료에 대한 정보(임대료, 보증금, 월세 지급 방식, 집주인 계좌)를 기재한다.

그 외 수리 의무와 위약 상황에 대한 언급도 되어 있다.

임대 계약서 외에 집주인 신분증과 방산증 원본을 확인한 후 사본을 받아야 한다. 또한 보증금을 집주인 계좌로 송금하고 나면 은행 이체 기록이 있더라도 집주인에게 영수증도 받아 두어야 한다.

房屋租赁合同

___出租方（甲方）___：_____   ___承租方（乙方）___：_____

根据《中华人民共和国合同法》、《上海市房屋租赁条例》（以下简称：《条例》）的规定，甲、乙双方在平等、自愿、公平和诚实信用的基础上，经协商一致，就乙方承租甲方可依法出租的房屋事宜，订立本合同。

1. **一、出租房屋情况**
   1-1 甲方出租给乙方的房屋座落在_____区_____路_____弄_____号_____室（以下简称该屋）。该房屋使用面积为_____平方米（以产证为准），房屋用途为**居住**，房屋类型为**公寓**，结构为**钢混**。
   1-2 甲方作为该房屋的___房地产权利人___（房地产权利人/代管人/法律规定的其他权利人）与乙方建立租赁关系。签订本合同前，甲方已告知乙方该房屋_____（已/未）设定抵押。
   1-3 该房屋的使用范围、条件和要求、现有装修、地暖、附属设施、设备状况和甲方同意乙方自行装修和增设附属设施的内容、标准及需约定的有关事宜，由甲、乙双方在补充条款中加以列明。甲、乙双方同意该附件作为甲方向乙方交付该房屋和本合同终止时乙方向甲方返还该房屋的验收依据。

2. **二、租赁用途**
   2-1 乙方向甲方承诺，租赁该房屋作为**居住**使用，并遵守国家和本市有关房屋使用和物业管理的规定。
   2-2 乙方保证，在租赁期内未征得甲方书面同意以及按规定须经有关部门审核准前，不擅自改变上款约定的使用用途。

3. **三、交付日期和租赁期限**
   3-1 甲乙双方约定，甲方于 20____年____月____日前向乙方交付该房屋。房屋租赁期自 20____年__月__日起至 20____年____月____日止。
   3-2 租赁期满，甲方有权收回该房屋，乙方应如期返还。诸乙方不再续租时应租赁期满前一个月配合甲方看房。乙方需继续承租该房屋的，则应于租赁期届满前**壹**个月，向甲方提出续租书面要求，经甲方同意后重新签订租赁合同。

4. **四、租金、支付方式和期限**
   4-1 甲、乙双方约定，该房屋月租金为人民币_____整（RMB_____元）。该房屋租金**在租期**内不变。
   4-2 乙方应于**每**__日前向甲方支付租金。逾期支付的，每逾期一日，则乙方需按月租金的 **0.5%** 支付违约金。
   4-3 乙方支付租金的方式如下：
   支付方式：_____
   转帐账号：_____ 银行：_____
   户名：_____

5. **五、保证金和其他费用**
   5-1 甲、乙双方约定，乙方应在向甲方支付房屋租赁保证金为_____个月的租金，共计人民币_____元整（RMB_____元）。甲方收取保证金后应向乙方开具收款凭证。

租赁关系终止时,甲方收取的房屋租赁保证金应 <u>退房当日</u> 无息归还乙方。逾期支付的,每逾期一日,则甲方需按月租金的 <u>0.5%</u> 支付违约金。

5-2 租赁期间,使用该房屋所发生的水、电、煤气费用等由<u>乙方</u>承担。物业管理费和发票由<u>甲方</u>承担。

5-3 <u>甲乙双方</u>承担的上述费用,计算或分摊办法、支付方式和时间:<u>当月结清。(或者,在收到缴费单据之日起,五日内结清费用);或者,按帐单或有关部门的要求按时支付。)</u>。

六、房屋使用要求和维修责任

6-1 租赁期间,乙方发现该房屋及其附属设施有损坏或故障时,应及时通知甲方修复;甲方应在接到乙方通知后<u>伍</u>日内进行维修。逾期不维修的,乙方可代为维修,费用由甲方承担。(乙方提供相应维修收据)

6-2 租赁期间,乙方应合理使用并爱护该房屋及其附属设施。因乙方使用不当或不合理使用,致使该房屋及其附属设施损坏或发生故障的,乙方应负责维修。乙方拒不维修,甲方可代为维修,费用由乙方承担。(甲方提供相应的维修收据)

6-3 租赁期间,甲方保证该房屋及其附属设施处于正常的可使用和安全的状态。甲方对该房屋进行检查、养护,应提前 <u>叁</u> 日通知乙方。检查养护时,乙方应予以配合。甲方应减少对乙方使用该房屋的影响。

6-4 除本合同附件(三)外,乙方另需装修或者增设附属设施和设备的,应事先征得甲方的书面同意,按规定须向有关部门审批的,则还应由<u>甲方委托乙方</u>(甲方/甲方委托乙方)报请有关部门批准后,方可进行。乙方增设的附属设施和设备归属及其维修责任由甲、乙双方另行书面约定。

七、房屋返还时的状态

7-1 除甲方同意乙方续租外,乙方应在本合同的租期届满后的<u>当日</u>内返还该房屋,<u>经甲方同意</u>逾期返还房屋的,每逾期一日,乙方应按 _____元(人民币)向甲方支付该房屋占用期间的使用费。

7-2 乙方返还该房屋应当符合正常使用后的状态。返还时,应经甲方验收认可并相互结清各自应当承担的费用。

八、转租、转让和交换

8-1 除甲方已在本合同补充条款中同意乙方转租外,乙方在本租赁期内,需事先征得甲方的书面同意,方可将该房屋部分或全部转租给他人。但同一间居住房屋,不得分割转租。

8-2 乙方转租该房屋,应按规定与接受转租方订立书面的转租合同。并按规定向该房屋所在区、县房地产交易中心或农场系统受理处办理登记备案。

8-3 在租赁期内,甲方将该房屋转让给他人承租或与他人承租的房屋进行交换,必事先征得甲方书面同意。转让或交换后,该房屋承租权的受让人或交换人应与甲方签订租赁主体变更合同并继续履行本合同。

九、解除本合同的条件

9-1 甲、乙双方同意在租赁期内,有下列情形之一的,本合同终止,双方互不承担责任:
(一)该房屋占用范围内的土地使用权依法提前收回的;
(二)该房屋因社会公共利益被依法征用的;
(三)该房屋因城市建设需要被依法列入房屋拆迁许可范围的;
(四)该房屋毁损、灭失或者被鉴定为危险房屋的;
(五)甲方已告知乙方该房屋出租前已设定抵押,现被处分的。

9-2 甲、乙双方同意,有下列情形之一的,一方可书面通知另一方解除本合同。违反合同的一方,应向另一方按月租金的 <u>贰</u> 倍支付违约金;给对方造成损失的,支付的违约金不足抵付一方损失的,还应赔偿造成的损失与违约金的差额部分。
(一)甲方未按时交付该房屋,经乙方催告后<u>叁日内</u>仍未交付的。
(二)甲方交付的该房屋不符合本合同的约定,致使不能实现租赁目的的;或甲方交付的房屋存在 缺陷,危及乙方安全的。
(三)乙方未征得甲方书面同意改变房屋用途,致使房屋损坏的;
(四)因乙方原因造成房屋主体结构损坏的;

(五)乙方擅自转租该房屋、转让该房屋承租权或与他人交换各自承租的房屋的;
(六)乙方逾期不支付租金累计超过__日的;
(七)甲乙双方自签定本协议起到交房当日,如甲方不出租该房屋或乙方不承租该房屋。

十、违约责任
10-1 该房屋交付时存在缺陷的,甲方应自交付之日起的__日内进行修复,逾期不修复的,甲方同意减少租金并变更有关租金条款。
10-2 因甲方未告知乙方,该房屋出租前已抵押或产权转移已受到限制,造成乙方损失的,甲方应负责赔偿。
10-3 租赁期间,甲方不及时履行本合同约定的维修、养护责任,致使房屋损坏,造成乙方财产损失或人身伤害的,甲方应承担赔偿责任。
10-4 租赁期间,非本合同规定的情况,甲方擅自解除本合同,提前收回该房屋的,甲方应按当年月租金的__倍向乙方支付违约金,同时返还保证金。若违约金不足抵付乙方损失的,甲方还应负责赔偿。
10-5 乙方未征得甲方书面同意或者超出甲方书面同意的范围和要求装修房屋或者增设附属设施的,甲方可以要求乙方**恢复原状**。
10-6 租赁期间,非本合同规定的情况,乙方中途擅自退租的,乙方应按当年月租金的____倍向甲方支付违约金。若违约金不足抵付甲方损失的,乙方还应负责赔偿。甲方可从租赁保证金中抵扣。保证金不足抵扣的,不足部分则由乙方另行支付。

十一、其他条款
11-1 租赁期间,若甲方出售该房屋应提前 __**个月**通知乙方,**乙方愿意在同等条件下放弃优先购买权**。
11-2 本合同未尽事宜,经甲、乙双方协商一致,可订立补充条款。本合同补充条款及附件均为合同不可分割的一部分,本合同及其补充条款和附件内空格部分填写的文字与铅印的文字具有同等的效力。
11-3 甲、乙双方在签署本合同时,对各自的权利、义务、责任清楚明白,并愿按合同规定严格执行。如一方违反本合同,另一方有权按本合同规定索赔。
11-4 甲、乙双方在履行本合同过程中发生争议,应通过协商解决;协商解决不成的双方同意选择下列第__种方式解决:
(一)提交 上海 仲裁委员会仲裁;
(二)依法向人民法院起诉。
11-5 本合同连同附件一式____份。其中:甲方执__份、乙方执__份,见证方执__份,均具有同等的效力。
11-6 其他附加条件

甲方: 乙方:
代表人: 代表人:
证件号码: 证件号码:
地址: 地址:
电话: 电话:
日期: 日期:

见证方盖章:

일반적으로 사용되는 주택 임대 계약서 견본
출처: 百度文库

收　　条

今收到_____承租上海市__区___路__弄__号___室

房屋保证金人民币_____元整（大写：_____）。

以下空白。

　　　　　　　　　　　　　　　收　款　人：_____

　　　　　　　　　　　　　　　日　　期：_____

보증금 영수증 견본

出租房物品目录

매물명/주소:

임　대　료(租金)		관리비(管理费)	
영　수　증(发票)		계약기간(租期)	
지불방식(付款方式)			

분류	언어		가구(家具)		분류	언어		가구(家具)	
	중국(中语)	한국(韩语)	기존(原先)	추가(添加)		중국(中语)	한국(韩语)	기존(原先)	추가(添加)
거실(客厅)	TV	TV			작은방 (小屋)	床	침대		
	电视柜	TV장식장				床柜	협탁		
	DVD	DVD				衣柜	옷장		
	沙发	쇼파				窗帘	커튼		
	茶几	쇼파협탁				空调	에어컨		
	抽屉柜	서랍장				书桌, 书椅	책상,의자		
	台灯	스탠드				书架	책꽂이		
	空调	에어컨							
	窗帘	커튼							
	鞋柜	신발장							
	skylife								
	宽带	인터넷							
안방(主卧)	衣柜	옷장			작은방 (小屋)	床	침대		
	床	침대				床柜	협탁		
	床柜	협탁				衣柜	옷장		
	TV	TV				窗帘	커튼		
	电视柜	TV장식장				空调	에어컨		
	空调	에어컨				书桌, 书椅	책상,의자		
	窗帘	커튼				书架	책꽂이		
	镜子	거울							
	衣架(木头)	옷걸이							
	梳妆台	화장대							
	抽屉柜	서랍장							
주방(厨房)	餐桌	식탁				洗衣机	세탁기		
	餐椅	식탁의자				电子马桶	비데		
	净水器	정수기				软水器	연수기		
	饮水器	음용수기			기타(其他)	遥控器	리모콘		
	微波炉	전자렌지				钥匙	大门		
	电冰箱	냉장고					门卡		
							信箱钥匙		

| 전기(电) | 주간(平段): | | 수도(水) | |
| | 야간(谷段): | | 가스(煤气) | |

特殊事项

날짜(日期): 20　年　　月　　日　　　　날짜(日期): 20　年　　月　　日

임대인(甲方):　　　　　　　　　　　　임차인(乙方):

가구 리스트 견본

계약 만료일이 다 되어 가면 계속 살지 결정해야 한다. 보통은 한 달 전에 결정해서 집주인에게 이사를 나갈 건지 다시 연장할 건지를 알려야 한다.

중국으로 올 계획이 있어 한국에서 하는 것처럼 집을 먼저 정하겠다고 미리 오는 경우가 있는데, 이렇게 해서 집을 구하는 것이 쉽지 않다. 연장 계약 여부를 한 달 전에 결정하기 때문이다. 몇 달 후 입주한다면 기간이 안 맞고, 그럼 빈 집이나 한 달 후 이사를 확정한 집만 봐야 하므로 제한적이다. 한달 한달 월세가 중요한 집주인 입장에서 몇 달을 기다려 줄 이유가 없는 것이다.

연장하기로 확정했다면 처음 썼던 복잡한 임대 계약서가 아니고 변경 사항만 간단히 기재하는 연장 계약서를 작성한다. 연장 계약할 때 집주인은 시세에 맞게 월세를 조정할 수 있고 세입자도 가전, 가구 교체 등을 추가로 요구할 수 있다.

房屋租赁续租协议

本合同双方当事人：

　　出租方（甲方）：
　　承租方（乙方）：

根据《中华人民共和国合同法》、《上海市房屋租赁条例》的规定，甲、乙双方在平等自愿公平和诚实信用的基础上，经协商一致，就乙方承租甲方可依法租赁的房屋事宜，订立本合同。

甲方出租给乙方的房屋坐落<u>上海市　　区　　路　　弄　　号　　室</u>（以下简称该房屋）。该房屋建筑面积<u>约　　</u>平方米（以产证为准）产<u>　　　　　</u>号，房屋用途为<u>居住</u>，房屋类型为公寓结构为<u>钢混</u>。

1. 现甲、乙双方同意在原租赁合同其他条款不变的前提下租期延长

　　从<u>20　</u>年<u>　</u>月<u>　</u>日至<u>　</u>年<u>　</u>月<u>　</u>日止。

　　此期间租金为人民币<u>　　　</u>元整（RMB　　）。

2. 该房屋原租赁保证金作为本合同保证金人民币<u>　　　</u>元整（RMB　　）。

3. 甲、乙双方同意原家具清单保持不变。

4. 本协议一式二份。其中甲乙双方各执一份，本协议与原租赁合同具同等效力。

甲方：　　　　　　　　　　　乙方：

证件号码：　　　　　　　　　证件号码：

日期：　　　　　　　　　　　日期：

签约地点：　　　　　　　　　签约地点：

见证方

연장 계약서 견본

이사하면 주숙등기 꼭 하세요!

계약서를 작성하고 이사하는 날만 손꼽아 기다릴 텐데 꼭 해야 할 것이 하나 있다. 외국인은 이사하고 나서 주숙등기 신고를 꼭 해야 한다. 한국에서 이사 후에 전입신고를 하는 것과 같다. 주숙등기는 외국인이 중국에 관광, 출장 등의 이유로 체류하게 되었을 때 24시간 이내(농촌은 72시간 이내)에 관할 경찰서에 주거지를 신고하는 것이다.

우선은 임대 계약서와 집주인 신분증과 방산증(한국의 등기권리증에 해당)과 세입자 여권을 들고 주민위원회에 가서 거주 확인증을 받은 후 파출소에 가서 신고한다. 단지가 큰 경우는 주민위원회가 단지 안에 있고, 단지가 작다면 구획을 나눈 관할 주민위원회가 있다. 가족 구성원 모두 해당하므로 여권은 전부 챙겨 가야 한다. 이를 어길 경우는 파출소에 가서 신고가 늦어진 사유서를 쓰고 벌금을 내는 경우가 있어 꼭 정해진 시간 내에 해야 한다. 중국어도 능숙하지 않은데 그것도 파출소에 가야 하니 엄두가 나지 않아 시간을 넘겨버리는 경우가 많았지만, 요즘은 다행히도 온라인으로도 신고가 가능하다.

주숙등기 서류는 비자를 신청하거나 운전면허증을 발부 받을 때도 꼭 필요한 서류이다. 간단하지만 사람들이 자주 놓치는 부분이라 꼭 기억해야 한다.

상하이 집여사 부동산 노트

CHECK 05
온라인으로 주숙등기 하는 방법

01 QR 코드 스캔

❶ QR 코드를 위챗 스캐너를 사용하거나 카메라로 스캔하여 주숙등기 사이트로 들어간다.
❷ 한국 IP로는 접속이 되지 않으므로 중국에 입국해서 진행해야 한다.

02 회원 가입 / 로그인

❶ 사이트에 접속하면 왼쪽과 같은 화면이 뜬다.
❷ 중국어가 불편하다면 하단에 중국어, 영어, 일본어, 한글 중 선택할 수 있다.
❸ 주숙등기를 처음한다면 회원 가입부터 해야 한다. 하단에 즉시 회원가입 버튼을 누르고 회원 가입 준칙을 읽고 동의한다.
❹ 메일 주소와 비밀 번호를 설정하고 입력하면 회원 가입이 된다.
❺ 설정한 메일 주소, 비밀 번호와 인증번호를 입력한다.

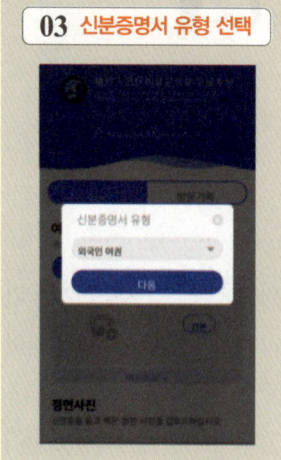

03 신분증명서 유형 선택

❶ 신분증명서 유형을 외국인 여권으로 선택한 후 다음을 누른다.

04 여권 정보 업로드

❶ 여권 첫 페이지 사진을 업로드 한다. 여권 사진은 사진 보관함이나 파일에서 선택할 수도 있고 직접 촬영해서 업로드 할 수 있다.
❷ 여권 사진을 업로드하면 여권 정보가 자동적으로 입력이 된다. 정보가 틀리지 않는지 확인하고 틀린 부분이 있으면 수정하면 된다.
❸ 중국어 이름과 출생지는 자동 입력되지 않으므로 별도로 입력해야 한다.

05 정면 사진 업로드

❶ 여권을 들고 찍은 정면 사진을 업로드 한다.
❷ 이때 여권이 얼굴을 가리지 않도록 가슴에 위치시키고 촬영한다.

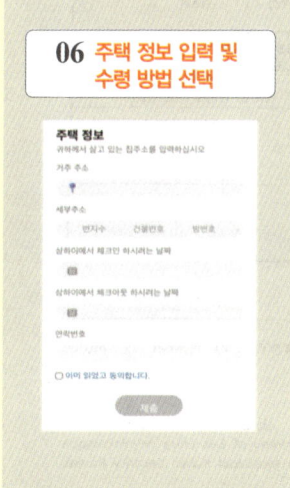

06 주택 정보 입력 및 수령 방법 선택

❶ 거주 주소, 세부 주소를 입력한다.
❷ 체크인, 체크아웃 예정 날짜를 입력하도록 되어 있는데, 임대차 계약서를 업로드 하지 않기 때문에 체크인 하는 날짜는 신청하는 날짜로, 체크 아웃하는 날짜는 임의대로 기재하면 된다. (파출소에 가서 주숙등기를 할 때는 입주 날짜를 엄격히 따지지만 온라인에서는 임의대로 기재 가능하다.)
❸ 연락 번호를 기재하고 제출하면 온라인 신청은 끝난다.

위와 같이 간단하게 온라인으로 주숙등기를 신청하고 나면 심사를 하고 문제가 없으면 주숙등기 서류를 메일로 보내준다. 예전에는 하루 이상 걸렸는데 요즘은 신청하고 10분도 채 걸리지 않아 결과를 받아 볼 수 있다. 게다가 친절하게 문자로 등록되었으니 확인해 보라고 링크까지 보내준다.

境外人员住宿登记表

REGISTRATION FORM OF RESIDENCE FOR VISITORS FROM OVERSEAS

编号: L20240418800329

英文姓 Surname in English	KIM	英文名 Name in English	SHANGHAI
中文姓名 Name in Chinese	金上海	出生日期 Date of Birth	0000年00月00日 (YY) (MM) (DD)
性别 Sex	女	国家或地区 Country or Region	韩国
抵住宿地日期 Date of Arrival at Present Residence	2024 年(YY)	04 月(MM)	18 日(DD)
上海住址 Address in Shanghai	上海市闵行区虹莘路123弄456号789室		
		证件种类 Type of Travel Document	证件号码 No. of Travel Document
外国人 Foreigners	护照		M12345678
台湾居民 TaiWan Residents			
港澳居民 HongKong&Macao Residents			
国内邀请人或本人联系电话 Telephone Number of Contact Person in China /Applicant			15200000000

填表日期: 2024 年(YY) 04 月(MM) 18 日(DD)

派出所盖章: 闵行分局虹桥派出所
Police Stamp

境外人员住宿登记专用章
310112580000

上海市公安局出入境管理局监制
Supervised by Bureau of Exit-Entry Administration
Shanghai Municipal Public Security Bureau

외국인 주숙등기표

오래 살고 싶다면 집주인을 귀찮게 하지 마라

해외에서 이사를 자주 하는 것은 여간 번거로운 일이 아니다. 물론 중국에도 지금은 포장이사 업체가 많지만, 정리를 맘에 들게 해주지 않아 다시 정리해야 하는 경우가 많다.

해외에 나와 임대 집을 얻어 사는 동안 마음도 편하고 몸도 편하게 내 집처럼 오래 살 수 있는 3가지 방법을 기억하자.

첫 번째, 집주인이 해외나 외지에 있는 집을 구하자. 집주인이 외국 사람이거나, 외지인인 경우는 집주인들도 세입자가 자주 바뀌는 것을 번거롭게 생각하기 때문에 오래 살 수 있다. 예를 들어 세입자가 바뀔 때마다 비행기 타고 상하이에 다시 온다는 것이 쉬운 일은 아닐 테니 말이다. 더욱이 중국은 대부분 월세 개념이기 때문에 기본적인 가구, 가전을 제공한다. 그러나 세입자마다 요구 사항이 다르기 때문에 어떤 세입자는 가구를 추가 요청하기도 하고 어떤 세입자는 빼달라는 요청을 하기도 한다. 물론 부동산 중개 회사 직원들이 집주인 대신에 도와줄 수 있지만, 집주인 입장에서 세입자가 자주 바뀌는 것은 스트레스이다. 그래서 집주인이 외국인이거나 외지인이면 오래 살 수 있고, 재계약하면서 가격을 올리지 않아 나중에는 시세보다 저렴한 경우가 많다. 때로는 집주인이 시세를 잘 몰라서 엉뚱한 가격에 임대를 놓는 경우도 있으니 이런 집을 득템한다면 완전 럭키!

두 번째, 집주인을 귀찮게 하지 않는 것이 좋다. 한국에서 처음 온 사람들은 한국에서 살던 아파트를 생각하면 집이 맘에 들지 않아서 이것저것 고쳐 달라고 하거나 바꿔 달라고 요구하는 경우가 많다. 예를 들어 남이 쓰던 매트리스는 못 쓰니까 바꿔 달라고 하거나, 천 소파는 냄새나니까 가죽 소파로, 벽지 색깔이나 커튼이 우중충하다고 다 바꿔 달라고 하는 등 많은 것을 요구하곤 한다. 임대료를 높여 주면 될 거 아니냐고 생각할 수 있지만, 집주인 입장에서는 돈도 좋지만 멀쩡한 것을 아깝게 왜 바꿔 달라고 하는지라고 생각할 수 있다. 임대료를 적게 받더라도 요구 사항이 많지 않은 세입자를 선호한다.

임대 계약 조건에 수리 의무는 집주인에게 있지만 전등의 전구 정도는 직접 사서 교체하는 게 좋다. 혹은 관리실에 전화해서 10~20위안 주면 수리 아저씨가 웬만한 것은 수리해 준다. 중국어가 안돼서 관리실에 전화하기가 어렵다면 부동산 중개회사로 연락해도 수리 아저씨를 보내 준다.

세 번째, 월세를 너무 많이 깎지 말자. 회사에서 임대료 지원을 전액 받는 경우가 아니고 자비로 부담해야 한다면, 월세를 어떻게든 깎고 싶을 것이다. 집주인에게 부탁해서 동의 받고 살게 됐더라도 집주인은 계속 손해 본다는 생각이 들 것이다. 그렇다면 여지없이 다음 해에는 재계약을 하지 않는다. 재계약할 때 집주인의 아들이 결혼하게 되어 신혼집으로 써야 하니 나가 달라고 하거나, 집주인이 이래저래

해서 직접 살겠다고 하는 경우가 있다. 그렇다면 임대료가 시세보다 너무 싸지 않나 생각해 보는 것이 좋다.

이건 솔직히 집주인과 세입자 관계가 아니라 사람과의 관계에서도 필요한 것이다. 너무 바라지도 말고 너무 귀찮게 하지도 말자.

복(福) 이 들어오는 집은 따로 있다

임대 집이지만 내 집같이 맘 편히 내가 살고 싶은 기간까지 살고 싶은데, 쉽지 않다. 다소 이상하게 들릴 수 있지만 집은 귀가 있다고 생각한다. 집에 대해 좋은 말을 하고 좋은 생각을 하면 집도 좋은 기운을 준다. 그러려면 주인도 잘 만나야 하고(실제로 집주인과 관계가 좋지 않아 이사하는 경우도 많다) 인테리어도 마음에 들어야 밖에 나갔다가 얼른 집에 돌아오고 싶어진다. 이런 집을 복이 있는 집이라고 한다.

중국에는 대문 앞에 복(福) 자를 거꾸로 붙이는 풍습이 있다. 거꾸로라는 뜻의 따오(倒)와 도착했다는 따오(到)의 발음이 같기 때문에 복(福) 자를 거꾸로 붙이면 복이 우리 집으로 온다는 뜻이 된다. 새해가 되면 대문에 복(福) 자를 거꾸로 붙여 한 해 동안 가정과 개인이 순조롭고 평안하며 복이 가득하기를 기원한다.

대문에 복(福) 자를 거꾸로 붙이지는 않아도 1년 살 임대 집을 구하면서도 동일한 마음일 것이다.

중국에는 복이 들어오기를 기원하면서 대문에 복자를 거꾸로 붙이는 풍습이 있다.
출처: 바이두

어떤 집이 나를 순조롭고 평안하게 하는 복이 있는 집일까? 사는 동안 편안하려면 우선 좋은 집주인을 만나야 한다. 집주인에 대한 평가가 안 좋은 집이 있다. 고의로 수리를 안 해주거나, 상습적으로 보증금을 떼어먹는 부도덕한 주인도 있다. 이런 주인을 만나면 어떤 이유를 대서라도 보증금을 돌려주지 않을 것이다. 주인이 어떤 사람인지 부동산 중개회사에 확인을 하고, 주변 지인에게도 확인해서 주인의 평이 좋지 않은 집은 입주하지 않는 것이 상책이다.

좋은 주인을 만나서 수리도 잘해주고 불편함이 없더라도 집구조나 인테리어가 안 맞는다면 사는 동안 내내 불편하다. 그러나 내 집도 아니니 인테리어를 마음대로 고칠 수도 없는 일이다. 그렇지만 인테리어를 직접 하면서 장기 임대 계약을 할 수 있는 방법도 있다. 중국의 집은 인테리어가 되어 있지 않은 회벽 상태인 모패(毛皮, 마오피)로 분양해서 각자 인테리어를 하는 경우가 많다. 집주인 중에 인테리어 하는 것을 번거로워서 하는 경우가 있으니 부동산에 문의해서 모패 임대물을 찾아보는 것도 좋다. 모패 집을 임대해서 직접 인테리어를 하게 되면 5년 정도 주거가 가능하다. 인테리어가 안 되어 있으니 저렴하게 임대할 수 있고, 내 마음에 들게 직접 인테리어 할 수 있으니 일석이조이다.

그러나 홍취엔루 한인타운이나 구베이 지역은 임대료가 비싸고 임대가 잘 나가기 때문에 모패 집을 찾기 어렵다. 그렇다면 인테리어가 낡은 집을 부분적으로 인테리어 하거나 보일러가 없는 집을 임대해서 보일러를 놓겠다는 조건으로 장기 임대할 수 있다. 당연히 이럴 경우는 시세보다 저렴한 임대료로 협상할 수 있다.

모패 집을 찾아 인테리어를 직접 하거나 낡은 집을 부분적으로 인테리어 하는 것은 좋은 방법이지만 중국에서 이런 일을 직접 하는 것은 쉬운 일은 아니다. 인테리어를 직접 하는 것보다 저렴하지는 않지만 시세보다 저렴한 집을 찾아볼 수 있다. 시세보다 저렴한 전대 매물을 찾아보기를 추천한다. 요즘은 갑자기 발령이 나거나, 혹은 사업상 이유로 갑자기 귀국하는 일들이 많다. 참 난감한 일이다. 기간을 지키지 못하고 나가게 되니 집주인은 보증금을 돌려주지 않는다. 보증금을 떼이지 않기 위해서 세입자가 집주인에게 다음 세입자를 본인이 찾을 테니 보증금을 돌려 달라고 협의해 볼 수 있다. 집주인 입장에서 손해날 것이 없으니 웬만하면 동의한다.

전대 매물은 현 세입자가 최소 몇 달 전에서 몇 년 전에 계약한 것으로 시세보다 저렴할 수 있다. 세입자가 부동산 중개 회사에 내놓는 경우도 있지만, 단지 내 채팅방에 올려 직거래하는 경우도 있다. 이런 경우는 중개비도 절약할 수 있다. 코로나 이후 어느 단지나 채팅방이 만들어져 있으므로 입주하고 싶은 단지가 있다면 지인에게 미리 초대해 달라고 해서 전대 매물을 찾아 볼 수 있다.

3장

상하이에서 내 집 마련하기

외국인도 상하이의 아파트를 살 수 있을까?

상하이 아파트를 사는 건 한정판 명품을 갖는 것과 같다.

월세를 전전하며 집주인과 옥신각신하다 보면 내 집을 하나 갖고 싶다는 생각이 든다. 더욱이 매달 적지 않은 임대료를 내다보면 참 아깝다는 생각이 들 때가 있다. 물론 주재원들은 회사에서 임대료를 보조해 주지만 이 돈으로 집을 사면 어떨까 하는 꿈이 생긴다.

그러나 막상 아파트 하나를 구매하려고 보니 외국인이라 무엇부터 해야 할지 막막하다. 그렇다면 외국인도 중국에서 집을 구매할 수 있는지, 어떤 조건이 필요한 것인지 알아보고 싶어진다. 그래서 상하이 부동산을 찾아보았지만 외국인의 경우는 잘 몰라서 엉뚱하게 설명해 주거나, 부동산 지식이 없는 상태라면 설명해 주는 것도 어렵게 느껴질 것이다. 말도 통하고 오래 살아본 사람에게 물어보고 싶지만 누구를 찾아야 할지 막막하다. 그래서 내가 예전의 찐지에 부동산 누님 시절로 돌아가서 자세히 알려주겠다.

상하이 주택은 상하이 호구(戶口, 후커우)인 사람과 상하이 호구가 아닌 타지역 외지인, 그리고 외국인에 따라 조건이 다르다. 상하이 호구인 사람은 조상 대대로 상하이에 살아온 본 지방 사람을 말한다. 특정 요건을 갖춘 경우 외지인들도 상하이 호구를 받을 수 있기는 하나 심사 기준이 꽤 까다롭다. 상하이 호구인 사람은 주택 구매뿐만 아니라 자녀 교육, 의료보험, 사회보험 등에서 특혜를 받기 때문에 외지인들은 상하이 호구를 얻기 위해 노력한다. 미국의 시민권과 비슷한 개념으로 보면 된다. 이 중에 우리는 외국인에 해당한다.

주택이라고 하니 아파트가 아니라 단독주택이라고 생각할 수 있는데, 중국에서 주택(住宅, 쭈쟈이)은 아파트(公寓, 꽁위)와 타운하우스처럼 되어 있는 별장(別墅, 비에수) 등 거주할 수 있는 형태를 전부 포함한다. 꽁위는 대부분 고층 아파트를 말한다. 고층 아파트에는 많은 사람이 살다 보니 시끄럽고, 엘리베이터를 탈 때에도 많은 사람이 이용해서 불편하므로, 고층대신 저층으로 만든 양팡(洋房)이 있다. 양팡은 저층이면서 큰 평형대 위주로 되어 있고, 엘리베이터도 단독으로 사용하는 경우가 많아서 쾌적하다. 요즘은 이런 다양한 수요를 맞추기 위해 한 개의 단지 내에 꽁위, 양팡, 비에수를 다 같이 짓기도 한다.

평시엔 신도시 샹시에구워지 단지 도면

비에수(別墅)

양팡(洋房)

꽁위(公寓)

상하이 호구를 가진 사람은 결혼하면 2채, 미혼이라도 1채를 구매할 수 있으나 외지인, 외국인들에게는 좀 더 엄격한 조건이 적용되어 가구당 1채를 구매할 수 있다. 외국인은 거주 목적으로만 중국에서 부동산을 구매할 수 있으므로 상가나 사무실은 안 되고 아파트나 별장만 살 수 있다고 생각하면 된다.

그렇다면 돈이 있다면 무조건 살 수 있을까? 중국에서는 집을 살 때 소득요건도 본다. 대출을 받는 것도 아닌데 소득수준을 본다는 것이 놀랄 수 있겠지만 경제활동에 기여한 사람에게 주는 특혜이다.

신분을 증명하는 여권과 경제활동을 하고 세금을 꼬박꼬박 내고 있다는 것을 증명하는 서류들이 필요하다. 첫 번째는 노동계약서가 필요하다. 상하이시에 사업자등록을 한 회사에서 근무한다는 것을 증명하는 근로계약서를 말한다. 이를 노동계약서(劳动合同, 라오동흐어통)이라고 부르는데, 여기서 중요한 것은 주택 구입일 이전 1년 전부터 일하고 있다는 날짜이다.

예를 들어 2024년 12월 1일에 주택을 구매한다면 노동계약서는 2023년 11월 30일부터 작성되어 있어야 한다.

두 번째는 12개월 연속으로 개인소득세를 납세한 기록이 필요하다. 만약 12개월 내에 이직하면서 공백이 생겼다면 다시 소득세를 낸 시점으로부터 12개월 이상이 되어야 한다. 물론 은행에서 대출해 줄 때는 상환능력을 평가하느라 세금을 많이 낸 증명이 필요할 수 있지만, 구매 자격을 평가할 때는 적은 금액이라도 꼬박꼬박 성실히 납부한 것으로 충분하다.

주택 구입시 필요한 서류는 아래와 같다.

1. 여권: 신분 증명용
2. 노동계약서: 상하이시 등록회사에서 주택 구입일 1년 전부터 근무 기록 있어야 함
3. 개인소득세 납세증명서: 주택 구입일 전부터 12개월 연속 납부 기록 있어야 함

까다롭다고 생각할 수 있지만 중국 국적인 상하이 외지인보다는 훨씬 쉬운 편이다. 상하이 외지인은 상하이시에 사회보험료를 3년 납부해야 1채를 살 수 있다.(2024.5.27 정책: 상하이 외지인 구매 조건을 사회보험료 5년에서 3년으로 변경, 외국인은 동일)

상하이에서 아파트를 사는 것은 특별한 사람들에 해당한다는 것을 꼭 기억하기를 바란다. 그래서 상하이 아파트를 사는 건 한정판 명품을 갖는 것과 같다는 말이 바로 여기서 나온 것이다.

외국인이 중국에서 대출 잘 받는 방법

대출 상환능력을 증명하면 외국인도 대출을 받을 수 있다.

주택 구매 자격을 갖추고 있다면 대출이 가능할지에 대한 궁금증이 생긴다. 그런데 대부분이 외국인은 대출이 안 된다고 생각하거나, 어렵다고 생각하고 포기하는 경우가 있어 안타까울 때가 많다. 그래서 구매 자격 요건을 갖추었다면 중국에서 대출을 수월하게 받는 방법도 알아야 한다. 중국의 주택 담보 대출은 소득을 바탕으로 상환능력을 증명할 수 있다면 외국인도 가능하다.

대출에는 공적금 대출과 상업용 대출이 있다. 공적금 대출은 사회보험료를 낸 중국인이나 외국인만 가능하다. 한국에서 회사에 다니면서 국민연금을 내는 것처럼 중국에서는 사회보험료를 납부하는데 회사에서 일부를 내고 개인이 일부를 낸다. 이렇게 사회보험료를 납부하면 주택을 구매할 때 공적기금 관리센터에 공적금 대출을 신청해서 받을 수 있다.

이때 대출 가능한 금액은 납부한 사회보험료 액수에 따라 달라진다. 공적금 대출은 은행에서 받는 상업용 대출보다 금리가 낮기 때문에 공적금 대출을 최대한 활용하고 부족한 금액은 상업용 대출로 채운다. 그런데 대부분 외국인은 사회보험료를 내지 않기 때문에 공적금 대출을 받을 수 없어 금리는 높지만 일반 은행에서 해주는 상업용 대출을 받아야 한다.

물론 집을 살 만큼 대출을 받으려면 대출 상환능력을 증명해야 하지만, 상환능력이 있다면 대출이 가능하므로 한 번은 꼭 시도해 보기를 바란다.

대출 시 필요한 서류는 아래와 같이 준비한다.

1. 여권, 노동계약서, 개인소득세 납세증명서
2. 은행 거래 명세서 6~12개월
3. 수입증명서: 소속 회사 발행, 회사 직인 필요
4. 가족관계증명서 또는 부부 증명서(혼인관계증명서)
5. 취업비자, 취업증

대출을 진행하기 전에 은행에서는 구매자가 다른 주택을 구매해서 대출이 있는지, 신용상 문제는 없는지부터 조회한다. 중국의 4대 은행(중국은행, 공상은행, 농업은행, 건설은행)에는 자체 시스템이 있어 은행에서 자체 조회가 가능하다. 그러나 중국계 작은 은행이나 외국계 은행은 자체 조회를 할 수 없어 교역 중심에 가서 주택 유무를 조회한 후 제출해야 한다. 이를 챠방(查房)한다고 한다. 한국인은 중국계 은행보다 한국계 은행이 말도 통하고 좋다고 생각할 수 있지만, 실제로 대출을 진행해 보면 중국계 은행이 여러모로 편하고 대출금리 할인도 더 받는 경우가 많다.

주택 구매 자격에 문제가 없다면 그다음으로 중요한 것은 수입을 확인하는 것이다. 소득을 확인하는 가장 기본적인 것은 개인소득세 납세액으로 판단하는 것이다. 그러나 납세와 실제 수입이 일치하지 않는 경우가 있으므로 개인소득세 납세액만으로 심사하기는 어렵다.

그래서 대부분 은행은 은행 거래 명세와 회사에서 발행해 주는 소득 증명서를 참고해서 평가하게 된다. 은행 거래 명세는 6개월에서 12개월에 해당하는 서류를 요구하는데, 가장 중요한 것은 매달 일정한 날짜에 일정 금액이 꼬박꼬박 월급으로 들어오는 것이다. 돈을 많이 버는 회사 대표가 대출이 더 잘 나올 것 같지만, 대표는 회사와 운명을 같이 하므로, 은행 입장에선 리스크가 더 있는 것으로 평가한다. 오히려 은행은 안정적인 월급쟁이를 좋아한다. 법인대표에게는 아예 대출을 해주지 않는 은행도 있다.

은행 거래 명세 외에 회사에서 발급한 소득증명서도 요구한다. 소득증명서에 특별한 양식은 없고 재직증명서처럼 언제부터 근무했고, 직위는 무엇인지 그리고 연봉이 얼마라는 것이 기재되어 있으면 된다. 회사 직인과 재무 담당자의 서명도 필요하다. 성과급과 같이 현금으로 받는 경우도 있으므로 개인소득세, 은행 거래 명세서에 소득이 적더라도 소득증명서 금액이 많다면 인정받을 수 있다.

일반적으로 월 상환액의 2배 이상 월급을 받는 것만 증명이 된다면, 외국인이라고 해서 차별하지 않고, 대출은 문제없이 나오게 된다. 월 상환액은 대출 상환 기간에 따라 달라지므로 최대한 기간을 길게 해서 월 상환액에 부담 없게 하는 것이 좋다.

대출 상환 기간은 최장 30년이 가능하다. 70세까지를 노동할 수 있는 나이로 보고 40세 미만은 모두 30년이 가능하고, 40세가 넘으면 70세에서 본인 나이를 뺀 기간만큼만 가능하다. 상환 기간이 줄어들면 월 대출 상환금이 많아지므로 주택 구매는 한 살이라도 젊은 나이에 하는 게 좋다. 다만 부동산을 규제할 때는 대출 상환 기간을 줄이기도 한다.

부동산 완화 정책을 펴는 시기에는 대출 심사 기준이 까다롭지 않고 신속하게 이뤄지지만, 규제 시기에는 대출 심사 기간도 길고 심사를 통과해도 대출금이 실행되지 않아서 애를 먹는 경우가 있다. 특히 연말이 다가오면 한 해 동안 대출 한도액이 다 소진되어서 다음 해가 되어야 대출금이 나오는 경우도 있다. 집을 매도하고 다음 투자 스케줄이 확정됐을 때 이런 일이 생기면 무척 당황스러우니 이를 대비해서 다음 일정은 여유 있게 잡는 것이 좋다.

중국 대표 은행(공상은행, 중국은행, 건설은행, 농업은행)

한국계 은행(하나은행, 신한은행, 우리은행)

중국, 돈 되는 부동산은 따로 있다

새 아파트를 사고 싶다면!

부동산 시장이 좋을 때는 서울대 가는 것보다 어려운 것이 상하이 집주인이 되는 것이다.

주택 구매 자격도 갖추었고 대출도 가능한 수입이 된다면, 이제 본격적으로 집을 알아보러 다니면 된다. 중고 주택은 바로 입주가 가능하고 주변 편의시설들이 다 갖춰져 있지만 집이 낡아서 수리해야 할 것이 많다. 분양 주택은 새집이라 좋지만 구매를 해도 최소 1년에서 2년 정도는 기다렸다 입주해야 하므로 어느 것이 좋을지 판단해 보고 집을 보러 다니는 것이 좋다.

분양 주택과 중고 주택을 설명하자면 분양 주택은 새집, 중고 주택은 헌 집을 말한다. 분양 주택은 손을 처음 탔다는 의미로 이소우(一手)라고 부르고 중고 주택은 한 번 손을 탔다고 해서 얼소우(二手)라고 부른다.

중고 주택 구매 절차가 분양 주택보다 좀 더 복잡한 편이라 새집, 분양 주택에 대한 절차 위주로 설명하겠다.

우선 분양 주택을 구매하기 전에 중국 부동산 개발 시스템을 알아야 한다. 중국에서는 주택을 분양하는 회사를 개발상(开发商, 카이파상)이라고 한다. 한국의 시행사와 같은 개념이며 시공은 개발상이 직접 하는 경우도 있지만 대부분은 국가 시공사에서 진행한다.

분양 아파트는 토지 공급부터 판매 시기, 판매 가격까지 정부에서 다 컨트롤 한다. 우선 개발상이 주택을 짓기 위해서는 토지가 필요한데, 중국은 토지가 국가 소유이다.

그래서 주택 토지를 국가에서 개발 계획에 따라 적정한 시기에 경매한다. 경매가 역시 정부에서 정하고 입찰 개발상도 선정한다. 토지를 경매하되 여전히 소유는 국가이고, 사용권을 경매하는 방식이다. 예전에 밭을 빌려주고 농사를 짓고 추수하면 이윤을 받는 방식과 닮았다.

사용권 기한은 주택은 70년, 상가나 사무실, 토지는 40~50년이다. 집을 구매하면 한국의 등기권리증과 같은 방산증(房产证, 방찬쩡)을 만드는데, 여기에 사용기한이 표기되어 있다. 개발상에서 주택을 판매할 때도 마음대로 하는 것이 아니다. 개발상에서 얼마에 매도할 것인지 신청하면 국가에서 판단해 보고 판매허가증을 내준다. 이때 판매해야 하는 가격은 매입한 토지 가격을 고려해서 정해주는데, 1동 101호는 얼마, 2동 301호는 얼마, 이런 식으로 동별 층별로 세부적으로 허가증에 기재해 준다.

예전에는 개발상이 허가 받은 물량을 한꺼번에 팔지 않고 나눠 팔면서 가격을 높이는 편법을 저질러서 부동산 가격이 급등하는 일들이 있었다. 2016년에 이를 규제하면서 판매허가증을 분양 사무실에 공시하도록 하고 있다. 또한 판매 허가증이 나오면 기한 내에 허가 받은 모든 매물을 판매하도록 하고 있다.

개발상은 판매 허가를 신청하면서 분양 사무실을 오픈하고 광고해서 고객을 모으기 시작한다. 이때부터 우리는 집을 보러 갈 수 있다. 분양 사무실에 가면 지역 개발 호재에 대한 설명을 들을 수 있고 단지 미니어처도 만들어져 있어서 분양 매물에 대한 자세한 설명을 들을 수 있다. 대단지 아파트라면 한꺼번에 분양하지 않고 2~3차례에 나눠서 분양한다.

분양 아파트는 집을 보고 맘에 들었다고 해서 바로 구매할 수는 없다. 청약에 당첨되는 것처럼 서류 심사를 받고, 심사에서 통과한 사람들만 분양에 참여할 수 있다. 그래서 부동산 시장이 좋을 때는 서울대 가는 것보다 어려운 것이 상하이 집 주인이 되는 것이라고 한다.

서류 심사 때에도 외국인 주택 구매 자격 서류가 모두 필요하다. 여권, 노동계약서, 개인소득세 납세증명서가 필요하고 서류 심사를 통과하면 의향금(意向金, 이샹찐)이 필요하다.

앞서 의향금을 이야기한 이유가 바로 여기서 나온다. 살 의향이 있으면 의향금을 보내라! 이 말을 하고 싶어서 설명이 길어졌다. 그렇지만 의향금을 냈다고 해서 꼭 사야 하는 건 아니다. 혹시 마음이 변하면 환급 요청을 해서 돌려받을 수 있다. 그러나 구매를 확정하고 서명까지 했다면 그때부터는 결정된 돈이란 뜻의 띵진(定金)이 되기 때문에 돌려받을 수 없다. 의향금은 편안하게 걸 수 있지만, 서명할 때는 신중해야 한다.

분양 아파트에 당첨되기까지

중국 사람들은 빨간색을 좋아하는데 부와 행운을 가져다준다고 믿는다.

분양 아파트의 자격심사를 통과하고 의향금까지 냈다면 분양일에 현장을 방문해서 번호표를 받는다. 한국의 번호표는 동, 호수를 추첨하기 위한 것이지만, 중국에서는 입장 순서를 정하기 위한 것이다.

분양 대기실에서 앉아 입장 순서를 추첨한다.

대기실에는 구매 희망자들이 번호 순서 대로 앉아서 기다릴 수 있도록 자리가 마련되어 있다. 또한 전면에는 대형 화면을 설치하여 추첨된 번호를 볼 수 있게 한다.

대형 화면에 자신의 번호가 나오면 매물을 고를 수 있는 방으로 들어갈 수 있는데, 보통 10명이 한 조로 입장하게 된다. 그 안에 들어가면 벽면에 분양하는 동, 호수별로 가격이 쭉 적혀 있다. 이걸 보고 희망하는 동, 호수, 면적, 가격을 고려해서 사고 싶은 집을 직접 고르면 된다.

추첨된 순서대로 분양실 내부로 입장해서 원하는 동호수를 직접 선택한다. 선택된 것은 빨간색 테이프를 붙인다.

이렇게 선택을 하고 나면 해당 동, 호수는 빨간 테이프를 붙여서 다른 사람이 고르지 못하게 한다. 이 과정은 엄청난 순발력을 요구한다. 그렇지 않으면 다음 팀이 들어와서 먼저 골라 버릴 수도 있다. 매물이 많이 남지 않은 상황이라면 같이 들어온 사람들도 나의 경쟁자가 되어 순식간에 경매장 같은 분위기가 된다.

번호가 먼저 뽑혀 로열동, 로열층을 선택할 수 있기를 바란다. 중국 사람이 좋아하는 숫자 6, 8, 9층이 로열층으로 먼저 빠진다. 중국 사람도 4, 14층은 싫어하고 지역에 따라서는 18층도 싫어한다. 8자가 붙었는데 왜 싫어할까 했는데 18이란 숫자는 18지옥을 의미하기 때문이라고 한다.

분양 가격은 중간 층이 평균 가격이며 위로 올라갈수록 금액이 높아지고 아래로 내려갈수록 낮아진다. 이 중 맨 꼭대기 바로 아래층이 제일 비싸다. 상하이는 습하고 덥기 때문에 1층을 선호하지 않는 편이지만 화원이 딸린 1층이라면 2층보다 선호하고 가격도 더 비싸다. 분양을 희망하는 사람이 너무 많을 때에는 번호표 대로 시간을 다르게 해서 분양 현장에 오게 하거나 최근에는 아예 현장에 오지 않고 인터넷으로 입장해서 조용히 분양하는 경우도 있다.

분양 당일 완판이 되지 않았다면 그 다음 날부터 남은 매물을 판매하는데, 가능하면 하루라도 빨리 가서 사는 게 좋다. 사람 마음이 다 똑같아서 남은 매물 중에서 가성비 높고 적당한 층이 먼저 빠진다. 늦게 갈수록 비싼 높은 층이나 싸고 위치가 좋지 않은 저층만 남게 되기 때문이다.

중국 분양사무실은 중국 사람들이 좋아하는 빨간색으로 꾸며 집을 사러 온 사람들의 마음을 들뜨게 한다. 더욱이 누군가 집을 선택하면

폭죽을 터뜨리고 큰 소리로 축하한다고 외친다. 이 소리를 들은 사람들은 마음이 조급해져 빨리 집을 사야 할 것 같은 생각이 든다. 이런 광경을 처음 보는 사람들은 넋이 나가 어리벙벙해 하는 사이에 매물을 놓치는 경우도 있다.

부동산 붐이 일었던 2015년, 2016년에는 분양 시장에 사람들이 몰려들어 도떼기시장 같았다. 내가 기억하는 최고로 힘들었던 분양 현장은 상하이 린강 신도시에 바오롱스지아(宝龙世家) 아파트이다. 상하이의 여름 기온은 40도까지 올라간다. 그런 무더운 여름날 분양을 하면서 임시 분양사무소를 온통 빨간색 비닐하우스로 만들어 놓았다. 그 안에 분양 매물 수보다 3배수가 넘는 사람을 몰아넣어 놓고, 에어컨이라고는 앞뒤로 한 대씩만 설치해 놓았다.

나는 고객이 오지 못해 대리 분양을 하게 됐는데, 내가 들고 있는 번호표는 아무리 기다려도 나오지 않았다. 2시간씩이나 빨간색 분양 비닐하우스에서 기다리다 서서히 미쳐 가고 있을 즈음에 다들 난리가 났다. 개발상이 뒷돈을 받고 기기를 조작해서 번호표를 빨리 나오게 할 수 있었던 때라 사람들은 본인의 번호는 왜 안 나오냐고 진행자에게 소리치면서 몸싸움까지 할 태세였다. 순식간에 사람들은 폭도로 변해 분양 현장은 아수라장이 되었다. 이때 기적처럼 내 번호가 나와서 간신히 탈출할 수 있었다. 그 광경이 아직도 기억이 난다.

40도가 넘는 무더운 여름에 빨간색 비닐 하우스로 대기실을 만들어 놓았던 린강 신도시 바오롱스지아(宝龙世家) 아파트 분양 현장

이렇게 분양 받은 당일에는 가계약서에 서명만 하고 7일에서 한 달 사이에 선수금을 준비해서 납부하고 본 계약을 하게 된다. 예전에는 외국인이 하는 계약서는 꼭 공증받도록 했는데, 지금은 의무가 아니다. 300만 위안 정도 되는 집일 경우 공증비가 무려 7,000위안(약 130만 원)에 달했던 금액을 절약할 수 있다.

본 계약에는 선수금도 납부하지만 대출도 신청해야 한다. 이때 대출 은행은 마음대로 정할 수 없고 개발상에서 선정한 은행 중에서 선택할 수 있다. 대출 심사가 통과돼서 대출 승인이 나면 그 다음 달부터는 입주 때까지 매월 대출금을 상환하면서 기다려야 한다. 한국에서는 선수금을 내고 중도금은 무이자 대출로 분납하면서 입주할 때

분양 당일 동호수를 결정하고 현장에서 가계약서에 서명하는 모습

잔금을 내면 되지만 중국은 이와 다르기 때문에 상환일을 꼭 확인해야 한다.

분양 후 입주까지는 보통 1년에서 2년 정도 걸린다. 그래서 1~2년을 입주도 못 하면서 매달 대출 상환금을 내면서 기다리는 것보다 집주인의 세금을 떠안고 내더라도 당장 입주할 수 있는 중고 주택을 사는 게 낫다고 생각하는 사람들도 많다.

드디어 입주, 중국에서는 입주를 짜아오방(交房)이라고 부르고 한국식으로는 교방이라고 부른다. 교방이 되고 나서 3~6개월 후면 등기권리증인 방산증(房产证, 방찬쩡)을 만들 수 있는데, 이때 취득세도 납부해야 한다.

방산증을 만들기 전에도 실거주하거나 임대를 놓는 데는 문제가 없지만 방산증을 만들어야 진정한 집주인이 된 것이다. 상하이에는 매도 기간 제한이 없기 때문에 방산증만 있으면 매도가 가능하다. 보통 분양 후 5년 동안 팔 수 없다고 알고 있는데, 5년은 세금이 줄어드는 기간이지 매도 제한 기한이 아니다. 또한 분양 후 5년이 아니고 방산증을 만든 시점부터 5년이므로 방산증은 가능한 빨리 만드는 것이 좋다. 참고로 2016년 이후에 방산증은 부동산증으로 이름이 바뀌면서 부동산 정보의 바코드화가 시작됐고 표지도 초록색에서 빨간색으로 바뀌었다. 중국 사람들은 빨간색을 좋아하는데 부와 행운을 가져다준다고 믿는다. 빨간 부동산증은 부동산을 구입하면 부와 행운을 가져다줄 것이라는 기대와 믿음이 담겨 있다.

중국 부동산 등기 권리증인 방산증. 2016년에 방산증에서 부동산증으로 이름 변경되었다.
출처: 바이두

중국에서 부동산을 살 때 내는 세금

중국 부동산 세금은 적게 낼 방법이 많다.

부동산을 매매하면서 세금 부분을 어려워하는 사람이 많아서 쉬운 설명이 필요한 부분이다. 중국 부동산을 매매할 때 내는 세금은 취득세, 보유세, 양도세가 있다. 이 중에 한국과 다른 부분이 있어 꼭 알아 두어야 한다. 중국에서 사유재산을 인정하기 시작했던 2000년대 초반에는 몇 채를 사도 취득세, 보유세, 양도세가 없었다. 대출 한도 역시 70~80%까지 해주고 언제든지 전매도 가능했다. 한마디로 규제가 아예 없었다.

그런데 집값이 많이 오르고, 투기가 발생하면서 세금이 생기기 시작했다. 현재는 취득세, 양도세 부분이 가장 많지만 한국에 비하면 아직도 중국 부동산 세금은 미미한 수준이다. 이것이 중국 부동산 투자의 매력이라고 하는 사람들이 많다. 그중 상하이 기준으로 부동산을 살 때 내는 세금을 정리하면 이렇다.

주택을 구매할 때 내는 취득세부터 알아보자. 취득세는 중국어로 치수웨이(契稅)라고 하는데 발음이 비슷해서 외우기 쉬울 것이다. 중국에서는 기본 세율이 1~1.5%이며, 2주택일 경우 최고 3%이다. 한국처럼 돈이 있다고 수십 채씩 살 수는 없고 상하이 호구인 사람도 최대 2채까지 살 수 있을 뿐이다. 그 외의 사람들은 1채를 살 수밖에 없으니 다주택자에 대한 중과세율을 매길 이유가 없는 것이다.(2024.5.27 정책: 두 자녀 이상의 다자녀 가정은 한 채를 더 구매할 수 있게 변경됨, 외국인 해당 안됨)

취득세는 면적과 1주택인지 2주택인지에 따라 달라지는데, 외국인은 거주의 목적으로 가구당 한 채만 구매 가능하므로 1주택 기준이 적용된다. 그래서 주택 면적에 따른 세액만 생각하면 된다. 면적이 90㎡ 이하라면 1%, 90㎡초과라면 1.5%이다.

분양 주택은 취득세를 1~1.5%만 내면 되지만, 중고 주택은 취득세에다 매도자가 내야 할 양도세를 떠안고 사야 하므로 취득세 외에 최대로 7% 정도 세금만큼 자금이 더 필요하다.

이렇게 보면 고민할 것 없이 '당연히 분양 주택이지 왜 낡은 중고 주택을 구매해야 해?'라고 생각할 것이다. 그런데 여기에 기회가 있다. 만 5년 지난 중고 주택을 잡는다면 세금이 줄어들기 때문이다. 중국의 양도세는 만 5년이 지나면 많이 줄어든다. 양도세에는 증치세와 개인소득세가 있는데 모두 5년이란 기간에 감세 또는 면세된다. 만 5년 기간 산정은 지은 시기부터가 아니고 구매일부터 산정하므로, 매도자의 주택 구매시기가 중요하다. 예를 들어 10년된 아파트라도 매도자가 구매한 지 1년밖에 안됐다면, 양도세를 감세 받을 수 없다. 부동산 정책을 완화해 줄 때는 감세 또는 면세 기간을 2~3년으로 줄여

주기도 한다.

　증치세와 개인소득세라는 용어가 생소할 수 있는데, 증치세는 한국의 양도세와 같은 개념으로 양도 시 발생한 수익에 대해 과세하는 것이고 개인소득세는 주택수와 관련된 세금이므로 다주택 중과세와 같은 개념이라고 보면 된다.

　개인소득세는 5년이 지나고 집이 한 채밖에 없으면 면세가 된다. 집주인이 상하이 호구가 아니라면 여러 채를 보유할 수 없으므로 개인소득세는 크게 신경 쓰지 않아도 된다. 그렇지만 증치세는 전략이 필요하다. 증치세는 5년 미만의 집이라면 집값 총액에 대해 부과되고, 5년 이상의 집이라면 매수가와 매도가 차액 부분에 대해서만 부과된다. 중국 아파트 거래의 99%는 다운계약으로 진행되므로 5년이 넘은 집이라면 양도 차액을 적게 또는 없게도 만들 수 있다. 양도 차액이 '0'이라면 증치세도 '0'이다.

　중고 아파트가 5년이 지나면 개인소득세도 '0', 증치세도 '0'으로 만들어서 분양 아파트처럼 취득세만 내면 된다. 그렇지만 입주는 바로 할 수 있고 세를 놓아 바로 월세 소득을 받을 수 있게 된다.

　2023년 12월 14일, 면적 144㎡ 이하 주택을 5년 이상 보유한다면 증치세를 면제해 준다는 완화정책이 나오면서 중고 주택이 한층 더 매력 있어졌다.

　보유세는 등기권리증인 방산증을 만들 때 납부 대상인지 심사한다. 방산증을 만들 때 방산세(房产税, 방찬수웨이) 납부 대상인지를 심사하므로 방산세라고 부른다.

방산세는 1년에 한 번, 12월에 납부하면 되고, 집값 총액×70% 금액의 0.4% 또는 0.6% 세율을 적용한다. 0.4%를 낼지 0.6%를 낼지는 매년 고시되는 시장 거래 평균 가격에 따라 달라지는데 취득 금액이 시장 거래 평균 가격 초과일 경우는 0.6%의 세율이고 그 이하는 0.4% 세율을 적용받는다.

한국의 재산세는 1년 2회 납부해야 하는 것과 비교하면 중국은 아직 부동산 소유자에게 관대한 편인데 보유세를 면제받을 수 있는 방법이 있다.

외국인이 집을 살 때 상하이 취업 비자로 연속 3년이 넘었다면 면제를 받을 수 있다. 외국인이 3년 동안이나 상하이 경제 활동에 기여했다면 주택을 구매해도 좋다고 인정하는 것 같다. 하나 더! 중국 내 타지역으로 발령 나서 타지역 취업비자로 바뀌거나 한국으로 귀임 발령이 나게 돼서 중국 비자가 없어졌더라도 계속 면제를 받을 수 있다. 한번 면제를 받으면 영원히 면제라는 말씀이다. 이건 정말 특별 고객에게만 알려주는 비밀이다.

그러므로 상하이에 집을 사든 안 사든 취업비자부터 빨리 만드는 것이 유리하다.

종합부동산세는 아직 없다.

방산세(房产税) 세율 기준

연도	전년도 신규 주택 평균 분양가	세율 0.4% 조건
2024	45,977위안/㎡	시장 거래 평균 가격 ≤ 91,954위안
2023	44,430위안/㎡	시장 거래 평균 가격 ≤ 88,860위안
2022	40,974위안/㎡	시장 거래 평균 가격 ≤ 81,947위안
2021	36,741위안/㎡	시장 거래 평균 가격 ≤ 73,482위안
2020	32,926위안/㎡	시장 거래 평균 가격 ≤ 65,852위안
2019	28,981위안/㎡	시장 거래 평균 가격 ≤ 57,962위안
2018	24,866위안/㎡	시장 거래 평균 가격 ≤ 49,732위안
2017	25,910위안/㎡	시장 거래 평균 가격 ≤ 51,820위안
2016	21,501위안/㎡	시장 거래 평균 가격 ≤ 43,002위안
2015	16,415위안/㎡	시장 거래 평균 가격 ≤ 32,830위안
2014	16,192위안/㎡	시장 거래 평균 가격 ≤ 32,384위안
2013	13,870위안/㎡	시장 거래 평균 가격 ≤ 27,740위안
2012	13,448위안/㎡	시장 거래 평균 가격 ≤ 26,896위안
2011	14,213위안/㎡	시장 거래 평균 가격 ≤ 28,426위안

방산세 계산법: 집값 총액 × 70% × 0.4% 또는 0.6%

*방산세 평가 시 상하이 취업비자 연속 3년 이상 면세
*연속 3년 만족 시 환불 신청 가능

출처: 상하이시 통계국

안 내도 되는 양도세

매수자가 양도세도 내주는 방식도 있다.

한국 세금과 중국 세금의 차이 중에서 가장 큰 것은 양도세다. 중국은 세율도 한국에 비해서는 낮지만 그 세금마저도 집을 사는 사람이 내기 때문에 집을 파는 사람은 세금을 걱정하지 않는다. 1장에서 얘기했던 나의 첫 부동산 회사에서 있었던 일을 얘기하면서 언급했던 사는 사람이 세금을 내는 따오소우(到手)로 집을 팔기 때문이다.

따오소우는 전 세계 유일무이한 개념이 아닐까 싶다. 원래는 파는 사람이 내야 하는 세금이나 기타 비용 등을 사는 사람이 다 내고 내 손에 얼마만 쥐어 주면 된다는 개념인데 이것이 가능한 이유는 서로 손해 볼 것이 없기 때문이다.

한국 양도세는 과세 표준 금액에 따라 세율이 차등화되어 있고 세율이 높은 데다, 다주택 중과까지 있어 복잡한데 중국 양도세는 너무나도 심플하다.

양도할 때 내는 세금은 앞서 말한 것처럼 증치세와 개인소득세 두 가지가 있다. 보통 주택과 비보통 주택에 따라 기준과 세율이 약간 다르다. 우선 비보통 주택에 대해서 알아보자.

첫 번째, 증치세는 5년 기준으로 보유 여부에 따라 달라진다. 5년

이하로 보유했다면, 매도가 금액의 5.05%가 부과된다. 5년 초과 보유했다면 집을 살 때 가격과 팔 때 가격의 차액에 대해서만 5.05% 적용된다.(세율은 지역마다 조금씩 다르다. 일반적으로 집값÷1.05× 5.3%로 계산해 보면 집값에 5.05%를 곱하는 것과 같다.)

예를 들어 집을 500만 위안에 샀다가 4년 보유하고 1,000만 위안에 팔았다면 1,000만 위안 전액에 대해서 부과되어 증치세는 50.5만 위안이다. 그러나 1년 더 참았다가 5년이 지난 후에 판다면 차액인 500만 위안이 과세 대상이므로 증치세는 절반으로 줄어서 25.25만 위안이 된다.

그래서 5년 보유하면 세금이 덜 나온다는 말이 여기서 나온 것이다. 두 번째, 개인소득세도 만 5년이 적용되며 보유 채수와 함께 평가한다. 즉 5년 이상 보유 시 집이 한 채라면 세금이 아예 면제된다. 진정한 거주 목적으로 산 사람이라고 판단하므로 면제를 해주는 것이다. 그리고 5년 미만이거나 여러 채 갖고 있다면 집값 총액의 2% 또는 차액의 20% 중 적은 걸로 선택할 수 있다.

증치세, 개인소득세 둘 다 최대로 부과된다 해도 7%이므로 한국보다 세금이 적고, 매수자가 세금을 내기 때문에 중국 부동산 투자는 양도세만 생각한다면 쉽게 할 수 있다.

5년이란 보유기간은 부동산 정책 완화 시기에는 2년이나 3년으로 단축되기도 한다. 집을 판매하는 경우라면 세금을 매수자가 냈더라도 영수증은 매도자의 이름으로 발행되므로 매수자에게 받아서 꼭 보관하기를 바란다.

집을 팔고 받은 돈을 한국으로 송금할 경우 세금 영수증은 필수 서류이기 때문이다. 그러나 매수자가 간혹 이런 개념이 없어서 세금을 본인이 냈으니 주지 않겠다고 경우가 있으니, 매매 계약을 할 때부터 달라고 미리 언급해 두는 것이 좋다.

매도시 세금(양도세)

	증치세	
보통 주택	＜ 5년	집값 총액 × 5.05%
	≥ 5년	면제
비보통 주택	＜ 5년	집값 총액 × 5.05%
	≥ 5년	집값 차액 × 5.05%

	개인소득세	
보통 주택	＜ 5년 또는 ≥ 5년, 여러 채	집값 총액 × 1% 또는 집값 차액 × 20%
	≥ 5년, 유일한 1채	면제
비보통 주택	＜ 5년 또는 ≥ 5년, 여러 채	집값 총액 × 2% 또는 집값 차액 × 20%
	≥ 5년, 유일한 1채	면제

*보통 주택은 주택 면적 144㎡ 이하, 비보통 주택은 주택 면적 144㎡ 초과인 주택 (2023.12.14 보통 주택 기준 변경)

해외 거주자라면 해외 부동산 취득 신고해야 한다

　세금 혜택을 많이 받아서 좋아하다 보면 해외 부동산을 취득하면서 놓칠 수 있는 부분이 해외 부동산 취득에 대한 신고이다. 거주자라면 해외 부동산 취득에 대한 신고 의무가 있으므로 본인이 거주자 신분인지 한 번 더 확인해야 한다.

　소득세법상 거주자란 국내에 주소를 두거나 183일 이상 거소를 둔 개인을 말한다. 해외로 나오는 가장 흔한 원인이 주재원으로 해외로 발령이 나서 나오는 경우일 텐데, 거주자나 내국법인의 국외 사업장 또는 해외 현지법인 등에 파견되어 근무하는 공무원은 거주자로 본다.

　거주자 신분으로 확인이 됐다면 취득, 보유, 양도에 대한 신고 의무 및 납세 의무가 있다. 한국에서 자금을 가져와야 하는 경우 해외 부동산 취득 신고를 해야 하고 해외 부동산 취득 대금 송금 후 3개월 이내에 해외 부동산 취득 보고서를 제출해야 한다. 또한 해외 부동산을 취득하고 다음 연도 6월 말까지 해외 부동산 취득 명세서를 제출해야 한다. 단 취득가액이 2억 원 미만이라면 제출하지 않아도 된다. 해외 부동산 취득을 한다고 해도 한국에 취득세를 납부할 필요는 없고 중국에서 내면 된다.

　보유하는 동안도 외국환 은행에 2년마다 수시 보고서를 제출해야 하고 관할 세무서에 매년 6월 말까지 해외 부동산 보유명세서, 해외 부동산 투자 운용(임대)명세서를 제출해야 한다. 해외 부동산 보유로 인해 국내 부담하는 보유세는 별도로 없지만 월세 소득에 대해서는 과세 대상이므로 종합소득세를 내야 한다.

해외 부동산을 처분하면서 중국세무서에 신고했고 양도세도 납부했지만 한국에도 신고해야 한다. 해외 부동산은 국내 부동산과 합산해서 다주택 중과 세율을 적용받지는 않지만 1가구 1주택 비과세 규정이나 장기보유특별공제 적용은 받을 수 없다. 다만 중국에서 납부한 세금은 세액 공제 또는 필요경비 산입 등으로 공제받을 수 있다. 해외 부동산 취득 신고 시 신고서와 외국환 은행 지정, 신분증, 매매계약서, 매수자 신분증, 분양 가격 확인 서류, 국세 납부 증명서, 등본이 필요하다. 그 외 해외 장기체류 비자와 주택담보대출 서류가 필요할 수 있다. 처분 또는 명의 변경을 했다면 가능한 3개월 이내 신고하자.

상하이 집여사 부동산 노트

CHECK 06
상하이 주택 구매 시 필요한 서류 알아보기

상하이 주택은 돈만 준비한다고 누구나 마음대로 살 수 있는 것은 아니다.

상하이에서 집을 살 수 있는 주체는 상하이 호구, 외지인(중국인이지만 상하이 호구가 없는 타지역 사람), 외국인, 대만인, 홍콩인, 법인이 있다. 구매 주체에 따라서 요구되는 사항이 다르다. 한국 사람은 외국인에 해당하며, 외국인 주택 구입시 필요한 서류는 아래와 같다.

1. 여권: 신분 증명용
2. 노동계약서: 상하이시 등록회사에서 주택 구입일 1년 전부터 근무 기록 있어야 함
3. 개인소득세 납세증명서: 주택 구입일 전부터 12개월 연속 납부 기록 있어야 함

첫 번째 필요한 서류는 여권이다. 필요한 서류로 여권을 얘기하면 당연한 걸 얘기하냐면서 웃을 수 있다. 그러나 해외에서 여권은 주민등록증같이 신분을 증명할 수 있는 수단이므로 가장 중요하다. 또한 여권에는 중국에 거류 허가증을 붙이게 되어 있어서 여권만 있다고 상하이 주택을 구매할 수 있는 것이 아니다. 여권에 거류 허가증이 있는지가 중요하다. 이 거류 허가증이 우리가 흔히 말하

는 비자이다. 관광 비자나 비즈니스 비자는 안되고 취업 비자여야 한다. 즉 거류 목적이 취업(工作, 꽁쭈워)이어야 한다. 또한 취업 비자라고 해서 다 되는 것도 아니다. 발행지가 상하이(上海)여야 한다.

상하이 소재가 아닌 회사에서 근무해서 취업 비자를 받고, 상하이에 거주하는 경우가 많은데 이런 경우에는 상하이에 집을 살 수 없다.

중화인민공화국 외국인 거류 허가(비자)

두 번째 필요한 서류는 노동계약서이다. 노동계약서는 근로 조건을 적은 근로계약서이다. 정해진 양식은 없고 간단한 양식이어도 상관없지만 노동계약서에서 중요한 것은 상하이시에 사업자 등록을 한 회사여야 하고, 주택 구매일 1년 전부터 근무했는지를 확인할 수 있는 날짜이다.

한국 본사에서 중국으로 발령 나온 주재원의 경우 중국 법인과 별도의 노동계약서를 체결하지 않는 경우가 있는데, 집을 사려면 반드시 필요한 서류이므로 새로 작성해서라도 제출해야 한다. 글로벌 회사는 영문으로 노동계약서를 작성하지만 이것도 인정되지 않는다. 번역 전문 회사에서 번역한 번역본을 같이 제출해야 한다.

劳动合同

甲方（用人单位）：　　　　　　乙方（职工）：

名称：<mark>상하이시 등록회사</mark>　　　姓名：_____
法定代表人（主要负责人）：　　　身份证号码：_____
_____　　　　　户籍地址：_____

　　甲乙双方根据《中华人民共和国劳动合同法》（以下简称《劳动合同法》）和国家、省市的有关规定，遵循合法、公平、平等自愿，协商一致、诚实信用原则，订立本合同。

一、合同的类型和期限

第一条　　本合同的类型为：无固定期限合同。自_____年_____月_____日起。<mark>(주택 구입일 1년 전부터 근무 기록 있어야함)</mark>

二、工作时间和休息休假

第二条　　乙方所在岗位执行_____工时制。
第三条　　甲方严格执行国家有关休息休假的规定，甲方应严格遵守国家有关加班的规定，确实由于生产经营需要，应当与乙方协商确定加班事宜。

三、劳动报酬

第四条　　乙方的月工资为：_____元（其中试用期间工资为：_____元）。甲方每月_____日以货币形式足额支付乙方的工资。

第五条　　甲方安排乙方延长工作时间或者在休息日、法定休假日工作的，应依法安排乙方补休或支付相应工资报酬。

노동계약서 견본

세 번째 필요한 서류는 개인소득세 납세증명서이다. 상하이에서 근무하고 소득이 발생했다면 당연히 세금을 냈을 텐데 이런 자료를 왜 요구하나 하는 생각이 들 수 있다. 소득이 있음에도 고의로 신고를 안 했을 수도 있고, 소득이 적어 면세에 해당하므로 신고를 안 해도 되는 줄 알고 안 했을 수도 있지만 모두 용납되지 않는다. 심지어 국가 간 면세 조약을 맺어 신고할 필요가 없는 직종도 예외 없이 제출해야 한다. 어찌 보면 막무가내일 수 있지만 상하이에서 외국인이 주택을 사려면 최소한 얼마라도 경제적 기여를 하라는 의미가 내포되어 있다.

개인소득세 납세증명에서 중요한 것은 금액이 많고 적음이 아니라 성실납부이다. 12개월 동안 빠지지 않고 연속 납부해야 한다. 예를 들어 지난달 것을 잊고 있다 이번 달에 보충해서 납부한다면 세무서에서는 받아 주지만 주택구매 자격에서는 인정되지 않는다. 이런 경우는 다시 12개월을 빠지지 않고 납부해야 인정받을 수 있다.

개인소득세 납세증명서 견본

3장 상하이에서 내 집 마련하기　　157

CHECK 07
내 청약 점수는 몇 점일까? 청약 점수 알아보기

2021년부터 상하이는 청약가점제가 도입되었다. 한국은 처음부터 무주택자 우선, 다자녀 우선 등 청약 점수로 하지만 중국은 분양을 해보고 청약자가 많아지면 청약가점제로 전환된다. 집을 살 수 있는 청약 점수 커트라인은 청약한 사람들의 점수에 따라 결정된다.

분양하는 지역, 분양 시기, 아파트 개발사의 브랜드 등에 따라 같은 지역이라도 청약가점제가 적용될 수도 있고 안될 수도 있다. 예를 들어 100채를 분양하는데 130명이 청약을 했다면 청약가점제가 적용되고 그 이하면 청약가점제가 적용되지 않는다. 청약가점제가 적용되지 않는다면 청약 점수는 상관없고 주택 구매 자격이 되는지만 본다. 일반적으로 시중심의 역세권 지역이거나 황푸강 조망이 가능한 지역이라면 당연히 청약가점제가 적용되고, 청약 점수도 높다. 교외 지역이더라도 개발 호재가 있는 지역이라면 구매하고자 하는 사람이 많아 청약가점제가 적용될 수 있다.

청약 점수는 주택 구매의 중요한 요인인데 나의 청약 점수는 몇 점일까?

청약 점수는 기초 점수와 동태 점수로 나뉜다.

기초 점수는 최대 얻을 수 있는 점수가 60점이다.

5대 요인으로 구분해서 평가되는데, 첫 번째 요인은 결혼 여부이다. 결혼했으면 10점, 미혼이면 0점이다.

두 번째 요인은 상하이 호구인지 아닌지이다. 상하이 호구면 10점, 아니면 0점이다. 상하이 본 지방 사람에게 우선권을 주는 것이다. 상하이 호구가 아닌 외국인은 다시 태어나지 않는 이상 10점을 받을 수 있는 방법은 없다. 외국인이 상하이 사람과 결혼해도 상하이 호구가 될 수 없다.

상하이 분양주택 청약 점수 상세표

총점	5대 요인	상황	점수	나의 점수
기초 점수	혼인 여부	혼인	10	
		미혼	0	
	상하이 호구 보유 여부	상하이 호구 보유	10	
		상하이 호구 아님	0	
	상하이 부동산 보유 여부	상하이 부동산 비보유	20	
		상하이 부동산 보유	5	
	5년내 상하이 주택 구입 기록 여부	상하이 주택 비보유, 5년내 구입 기록 없음	20	
		상하이 주택 보유, 5년내 구입 기록 없음	5	
		상하이 주택 비보유, 5년내 구입 기록 있음	0	
		상하이 주택 보유, 5년내 구입 기록 있음	0	
동태 점수	사회 보험료 납부 기간	2003년 1월부터 납부 월수 × 0.1~0.24점	미혼: 개인 상황에 따라	
			가족: 부부 중 납부가 많은 쪽	
합계				

3장 상하이에서 내 집 마련하기

세 번째 요인은 상하이에 부동산을 보유하고 있는지이다. 보유하고 있으면 5점, 보유하고 있지 않으면 20점을 받을 수 있다. 만약 상하이가 아닌 다른 도시에 부동산을 소유하고 있어도 점수는 20점이다. 중국은 아직 모든 지역에 대한 주택 통합 시스템이 가동되고 있지 않아서 상하이 외에 다른 지역 주택은 조회되지 않는다.

네 번째 요인은 5년 내 상하이 주택 구입 기록이다. 상하이에 주택을 보유하고 있지 않고 최근 5년 내 보유한 기록도 없으면 최고 점수 20점을 받을 수 있다. 상하이에 주택을 보유하고 있지만 구매한 지 5년 이상 돼서 투기 목적으로 구매한 것이 아니라고 판단되는 경우라면 5점을 받을 수 있다. 즉 5년 내 구입 기록이 없다면 5점은 준다. 그러나 최근 5년 내 구입한 기록이 있다면 현재 주택을 보유하고 있거나 보유하지 않고 있거나 상관없이 0점 처리된다.

동태 점수는 사회 보험료 납부 기간에 따라 달라진다. 2003년 1월부터 사회 보험료 납입 월 수에 0.1~0.24를 곱해서 산정하는데, 0.1~0.24의 동태 지수는 개발상에서 분양 공고할 때 정해준다. 미혼이라면 본인 납부 기간으로 점수를 산정하고 결혼했다면 부부 중에 납입 월 수가 많은 쪽을 선택할 수 있다.

사례로 청약 점수를 계산해 보자.

사례 1 김상해 씨는 상하이에서 3년째 일하고 있다. 1년 전에 결혼했고 대한민국 국적이다. 상하이에는 한 번도 주택을 구매한 적이 없다. 외국인이라 사회보험료를 내고 있지 않다.

점수 계산 기초점수를 계산해 보면 1년 전에 결혼했으므로 혼인 여부 점수 10점, 대한민국 국적이면 상하이 호구가 아니므로 0점, 상하이에 한 번도 주택을 구매한 적이 없으므로 주택 미보유뿐만 아니라 5년 내 구매 기록도 없으므로

20점 + 20점이 된다.

외국인이라 사회 보험료를 납부하지 않았으므로 동태 점수는 받을 수 없다.

즉, 10점 + 0점 + 20 + 20점 + 0점 = 50점이 된다.

사례 2 이중국 씨는 상하이에서 10년째 일을 하고 있다. 내년에 결혼할 예정이고 대한민국 국적이다. 3년 전에 상하이에 주택을 샀다가 팔았고 현재는 무주택 상태이다. 외국인이지만 5년 전부터 사회보험료를 매월 납부하고 있다.

점수 계산 기초점수를 계산해 보면 내년에 결혼 예정이므로 현재는 미혼이다. 그래서 혼인 여부 점수 0점, 대한민국 국적이면 상하이 호구가 아니므로 0점, 상하이에 현재는 주택이 없으므로 부동산 보유 여부 점수는 20점을 받지만 5년내 구매 기록이 있으므로 다섯 번째 평가 요인 중 '상하이 주택 비보유, 5년 내 구입 기록 있음' 항목에 해당 되므로 0점이 된다.

외국인이지만 사회 보험료를 5년 동안 납부했으므로 동태 점수는 받을 수 있다. 5 × 12 × 0.1 = 6점(개발상에서 동태 지수를 0.1로 고시한 경우)

즉, 0점 + 0점 + 20 + 0점 + 6점 = 26점이다.

자금 준비가 다 됐고, 상하이 주택 구매 자격을 갖추었더라도 상하이 분양 주택은 청약가점제가 적용될 수 있어 청약 점수라는 변수를 하나 더 고려해야 한다. 본인의 청약 점수를 미리 계산해 보고 알아야 전략을 세울 수 있다. 청약 점수가 높다면 마음에 드는 지역의 분양 주택을 선택하면 되고, 청약 점수가 낮다면 청약자가 많지 않아 청약가점제를 적용하지 않는 분양 주택을 선택하거나 청약 점수가 필요 없는 중고 주택을 선택하면 된다.

CHECK 08
상하이 주택 구매 대출시 필요한 서류 알아보기

　주택을 구입할 수 있는 자격 요건을 다 갖추었다면, 이제 마음에 드는 집을 사면 된다. 그러나 비싼 상하이 집을 내 돈만으로 사기는 쉽지 않다.
　투자 측면에서도 적당한 주택담보대출을 활용하는 것은 좋은 방법이기에 대출은 필수이다.
　대출을 받을 때 외국인이라고 해서 불이익은 없다. 은행 입장에서는 중국인이냐 외국인이냐가 아니라 매달 이자를 연체 없이 잘 상환할 수 있는지가 제일 중요한 일이다.
　대출 시 필요한 서류는 아래와 같다.

❶ 여권, 노동계약서, 개인소득세 납세증명서
❷ 은행 거래 명세서 6~12개월
❸ 수입증명서: 소속 회사 발행, 회사 직인 필요
❹ 가족관계증명서 또는 부부 증명서(혼인관계증명서)
❺ 취업비자, 취업증

　많아 보이지만 1번 항목은 주택 구입 자격 서류이고 2, 3번은 대출자의 소득을 증명하는 서류이다. 중국은 한국처럼 경매가 일반적이지 않기 때문에 대출자가 대출금을 상환하지 못하는 경우 경매로 넘겨 자금 회수하는 것보다 처음부터 상환하는 데 문제가 없는 사람에게 대출을 해주려고 한다. 그래서 대출자의 상환 능력을 평가하는 데 초점이 맞춰져 있다.

은행이 원하는 대출자의 소득은 얼마면 될까? 월 상환액의 두 배라면 상환 능력이 있다고 본다.

즉, 월 상환액이 1만 위안일 경우 월 소득액은 2만 위안이 넘는다면 대출은 문제없이 나온다.

소득을 증명하는 첫 번째 수단은 개인소득세 납세증명서이다. 그럼에도 은행 거래 명세서를 요구하는 것은 세금을 줄여서 신고할 수도 있고, 월급 외에 보너스나 별도 수당을 받을 수도 있기 때문에 실제 수령 소득을 파악하기 위한 것이다. 국가에서 대출을 제한하는 시기가 아니라면 은행은 어떻게든 대출을 해주는 쪽으로 방법을 찾으려는 것이다.

보통은 1년의 거래 명세를 요구하는데 6개월만 요구하는 은행도 있다. 명세서에 매달 일정한 날짜에 소속 회사명과 꽁즈(工资, 월급)라고 기재되어 급여가 입금되고 있다면 완벽하다. 이렇게 적혀 있지 않더라도 매달 일정한 날짜에 일정한 금액이 들어오고 있다면 이것도 인정받을 수 있다. 인터넷에서 출력한 것은 안 되고 은행 창구에 가서 신청해서 은행 직인이 찍힌 것이어야 한다. 입출금 거래가 많고, 중요한 것은 입금 명세니까 입금 명세만 제출하면 되지 않을까 싶지만 이 또한 안 된다. 입금액보다 지출액이 더 많은지도 확인해야 하기 때문이다.

수입증명서는 회사에서 실제 받는 급여를 알고자 요구하는 것으로 소속된 회사에서 대출자의 급여가 얼마라고 확인한 문서이다. 은행마다 양식이 있기는 하지만 회사 양식이 있으면 그걸 제출해도 된다. 내용에는 대출자 성명, 해당 연도, 직위, 월급과 같은 기본 사항과 보너스와 같이 별도로 받은 부분이 있으면 같이 기재하면 된다.

수입증명서는 개인소득세 납부증명서나 은행 거래 명세서로 만족스럽지 못한 부분을 보완하기 위한 목적이 있기 때문에, 은행 대출 상담사는 현금으로 받는 부분이 있다면 합산해서 기재하라고 힌트를 주기도 한다.

회사 주소, 책임자 이름, 연락처도 필요한데 대출 심사 도중에 확인해야 할 부분이 있으면 연락하기 위해서이다. 책임자는 회사 대표일 필요는 없고 재무나 인사 담당 책임자이면 된다. 연락처는 핸드폰 번호는 안되고 회사 유선 번호여야 한다.

이런 것까지 제출한다고 겁먹을 필요는 없다. 인터넷에 조회해도 안 나오는 이상한 회사가 아니라면 연락이 오는 일은 많지 않다. 또한 확인 연락 전에 언제쯤 연락할 테니 잘 받으라고 연락을 준다. 모르는 번호는 스팸 전화라고 생각해서 받지 않을 수 있기 때문이다.

그 외에 가족관계증명서나 혼인관계증명서를 요구하기도 하는데, 월수입이 월 상환액의 두 배 이상이지만 부양가족이 많다면 부족할 수도 있기 때문에 이를 확인하기 위한 것이다.

가족관계증명서는 자녀들도 다 표시되어 있으므로 은행이 제출을 요구한다면 부부만 나와 있는 혼인관계증명서를 제출하는 것을 권장한다.

혼인관계증명서는 재중 한국 영사관에 가서 신청하고 발급받을 수 있다. 중국 사람들은 결혼하면 국가에서 결혼증명서를 발급해 준다. 결혼증명서는 부부 사진이 들어가 있는 수첩처럼 생긴 것인데, 상하이에서 중국인이 집을 살 때 꼭 필요한 서류이다. 한국에는 없는 서류이지만 중국에서 요청하다 보니 한국 영사관에서는 가족관계증명서를 근거로 두 사람이 부부라는 것을 확인하고 확인서를 발급해 준다. 가족관계증명서를 가지고 가면 당일날 바로 발급받을 수 있고, 없으면 가족관계증명서를 한국에 요청해서 받은 후 발급받을 수 있으므로 일주일 이상 걸린다. 정부 24 인터넷 사이트에서 가족관계증명서는 출력할 수 있으니 미리 준비해 가면 시간을 절약할 수 있다.

个人收入证明书

中国建设银行: 건설은행 수입증명서 양식

　　兹证明____为本单位职工，于____年进入本单位工作至今，现担任____职务。近一年内该职工的平均月收入（税后）为____元，（大写：_____）。

　　本单位谨此承诺上述证明是正确、真实的，如因上述证明与事实不符导致贵行经济损失，本单位愿承担一切法律责任。　대출자 성명, 해당 연도, 직위, 월급여 기재

　　特此证明

单位公章或人事部门章
회사 또는 인사부 직인

单位地址： 회사 주소, 인사 또는 재무 책임자 성명,
经办人： 연락처 기재
联系电话：

年　月　日

수입증명서 견본(건설은행)

婚 姻 关 系 证 明 书

戶籍地	한국의 등록기준지(본적지) 네이버 사전 검색				
区分	姓 名	出生年月日	身份证号码	性别	籍贯
本人	본인성명	생년월일	주민등록번호	성별	본

婚姻情况

区分	姓名	出生年月日	身份证号码	性别	籍贯
配偶	배우자성명	생년월일	주민등록번호	성별	본

区分	详 细 内 容
婚姻	[申报日期] 신고일 [配偶] 배우자 [配偶身份证号码] 배우자의 주민등록번호 [受理机构] 처리관서

上述婚姻关系证明书与亲属关系登记簿所记载的事项相符，特此证明。

2023 年 00 月 00 日
반드시 발급 받은 원문의 날짜로 기입 요망
번역문을 작성하는 날짜가 아님

〇〇市(邑·面)长   〇〇〇   公章

혼인관계증명서 견본
출처: 재중 한국 영사관

CHECK 09
부동산 관련 세금 알아보기

중국 부동산 관련 세금은 취득세, 보유세, 양도세뿐이다. 간단하지만 취득 면적, 보유 기간, 주택 보유수에 따라 차이가 있으므로 한눈에 알아볼 수 있도록 정리를 해보자.

취득세

무주택자가 구매하는 경우라면 취득세율은 1~1.5% 이다. 면적이 90㎡ 이하라면 집 값의 1%, 90㎡ 초과라면 1.5%의 취득세를 내야 한다. 방산증에 기재된 면적 기준이므로 건축 면적에 해당한다. 1채 이상을 구매하는 경우라면 3% 취득세율을 적용받지만 외국인은 가구당 1채만 구매할 수 있으므로 해당 사항이 없다.

취득세		
1채인 경우	≤ 90㎡	집값 × 1%
	> 90㎡	집값 × 1.5%
1채 이상인 경우	집값 × 3%	

사례로 취득세가 얼마나 되는지 알아보자.

사례 1 김상해 씨는 상하이에 주택을 구매한 적이 없고 최근에 처음으로 따훙차오 푸리 훙차오 10호 아파트 89㎡를 650만 위안을 주고 구매했다.

취득세 계산: 650만 위안 × 1% = 6.5만 위안(환율 185일 경우 한화 1,200만 원 해당)

`사례 2` 이중국 씨는 상하이에 주택을 보유하다가 3년 전에 매각하고 최근에 따훙차오 푸리훙차오 10호 아파트 91㎡를 650만 위안을 주고 구매했다.

취득세 계산: 650만 위안 × 1.5% = 9.75만 위안(환율 185일 경우 한화 1,800만 원 해당)

사례 1과 2의 경우 주택을 구매한 적이 있더라도 현재 상태는 무주택자이므로 1채인 경우에 해당된다. 동일한 단지를 동일한 가격을 주고 샀지만 사례 1은 90㎡ 이하이고 사례 2는 90㎡를 초과하므로 세율이 달라 취득세를 3만 위안 이상 더 내야 한다. 구매할 때 이런 상황이 발생할 수 있으므로 면적 기준과 세율 정도는 기억해 두자.

양도세

양도세는 증치세와 개인소득세 두 가지가 있다. 두 가지 세금 모두 보통 주택과 비보통 주택에 따라 기준과 세율이 다르다. 2023년 12월 보통 주택과 비보통 주택 기준이 변경되어 144㎡ 이하인 주택은 보통 주택, 144㎡ 초과인 주택은 비보통 주택이다.

증치세와 개인소득세 모두 보유 기간이 5년을 넘었는지 아닌지에 따라 세금 계산 방식이 달라진다.

개인소득세는 5년 보유 기준 외에 몇 채를 보유하고 있는지도 평가한다. 이때 보유 기간 판정은 매매 계약서 작성일 기준이 아니고 방산증을 만든 날짜 기준이다. 중고 주택에서는 이 기간 차이가 크지 않지만 분양 주택의 경우는 매매 계약 날짜와 방산증 날짜 간에 몇 년 차이가 날 수 있다.

증치세		
보통 주택	＜ 5년	집값 총액 × 5.05%
	≥ 5년	면제
비보통 주택	＜ 5년	집값 총액 × 5.05%
	≥ 5년	집값 차액 × 5.05%

개인소득세		
보통 주택	＜ 5년 또는 ≥ 5년, 여러 채	집값 총액 × 1% 또는 집값 차액 × 20%
	≥ 5년, 유일한 1채	면제
비보통 주택	＜ 5년 또는 ≥ 5년, 여러 채	집값 총액 × 2% 또는 집값 차액 × 20%
	≥ 5년, 유일한 1채	면제

사례로 양도세가 얼마나 되는지 알아보자.

사례 1 김상해 씨는 따홍차오 푸리홍차오 10호 아파트 89㎡를 650만 위안을 주고 구매하고 5년을 보유한 후 1,000만 위안에 팔았다. 푸리 홍차오 10호 아파트 외에 다른 아파트는 보유하고 있지 않다.

증치세 계산: 면제

개인소득세 계산: 면제

사례 2 이중국 씨는 따홍차오 푸리홍차오 10호 아파트 183㎡를 850만 위안을 주고 구매하고 5년을 보유한 후 1,400만 위안에 팔았다. 푸리홍차오 10

호 아파트 외에 다른 아파트는 보유하고 있지 않다.

증치세 계산: (1,400 − 850)만 위안 × 5.05% = 27.8만 위안(환율 185일 경우 한화 5,100만 원 해당)

개인소득세 계산: 면제

사례 1의 경우 89㎡는 보통 주택에 해당하고 5년 이상 보유했으므로 증치세를 면제 받을 수 있다. 주택을 1채만 보유하고 있으므로 개인소득세도 면제를 받을 수 있다. 양도할 때 세금을 한 푼도 내지 않아도 된다.

사례 2의 경우 183㎡는 비보통 주택에 해당하므로 5년 이상 보유했어도 증치세를 면제 받을 수 없다. 그러나 5년 이상 보유했으므로 집 값 총액이 아니라 양도 차액 부분에 대해서만 세금이 부과된다. 개인소득세는 면적이 큰 비보통 주택일지라도 5년 이상 보유했고 1채만 보유하고 있어 면제를 받을 수 있다.

보유세

보유세는 중국에서는 방산세(房产税, 방찬수웨이)라고 부른다. 세율은 0.4% 또는 0.6% 이다. 이 세율은 집값의 70%에 대해서 부과된다.

0.4%를 낼지 0.6%를 낼지는 매년 고시되는 시장 거래 평균 가격에 따라 달라진다. 주택 구매 가격이 시장 거래 평균 가격 초과일 경우는 0.6%의 세율이고 그 이하는 0.4% 세율을 적용받는다.

연도	전년도 신규 주택 평균 분양가	세율 0.4% 조건
2024	45,977위안/㎡	시장 거래 평균 가격 ≤ 91,954위안
2023	44,430위안/㎡	시장 거래 평균 가격 ≤ 88,860위안
2022	40,974위안/㎡	시장 거래 평균 가격 ≤ 81,947위안
2021	36,741위안/㎡	시장 거래 평균 가격 ≤ 73,482위안
2020	32,926위안/㎡	시장 거래 평균 가격 ≤ 65,852위안
2019	28,981위안/㎡	시장 거래 평균 가격 ≤ 57,962위안
2018	24,866위안/㎡	시장 거래 평균 가격 ≤ 49,732위안
2017	25,910위안/㎡	시장 거래 평균 가격 ≤ 51,820위안
2016	21,501위안/㎡	시장 거래 평균 가격 ≤ 43,002위안
2015	16,415위안/㎡	시장 거래 평균 가격 ≤ 32,830위안
2014	16,192위안/㎡	시장 거래 평균 가격 ≤ 32,384위안
2013	13,870위안/㎡	시장 거래 평균 가격 ≤ 27,740위안
2012	13,448위안/㎡	시장 거래 평균 가격 ≤ 26,896위안
2011	14,213위안/㎡	시장 거래 평균 가격 ≤ 28,426위안

사례로 보유세를 얼마나 내야 하는지 알아보자.

사례 1 김상해 씨는 2023년 따홍차오 푸리홍차오 10호 아파트 89㎡를 650만 위안(7.3만 위안/㎡)을 주고 매입했다. 구매 당시 상하이에 있는 회사에서 2년째 근무 중이었다.

보유세 계산: 650만 위안 × 70% × 0.4% = 18,200위안(환율 185일 경우 한

화 330만 원 해당)

사례 2   이중국 씨는 2023년 따훙차오 푸리훙차오 10호 아파트 89㎡를 650만 위안(7.3만 위안/㎡)을 주고 매입했다. 구매 당시 상하이에 있는 회사에서 5년째 근무 중이었다.

보유세 계산: 면제

2023년 시장 거래 평균 가격은 88,860위안이므로 사례 1과 2 모두 73,000 위안/㎡에 구매했으므로 0.4% 세율을 적용받는다. 그런데 사례 1은 0.4%에 해당하는 세금을 내야 하지만 사례 2는 면제를 받았다.

무슨 차이일까? 외국인이 집을 살 때 상하이 취업 비자로 연속 3년이 넘었다면 방산세를 면제를 받을 수 있다. 이렇게 면제를 받으면 계속 면제를 받을 수 있다. 사례 1의 경우도 2년째 상하이 취업 비자이므로 1년만 더 납부하고 환불 신청을 하면 돌려받을 수도 있다. 그래서 중국 세금에서 주택 관련 세금을 계산할 때 보유세는 별로 신경 쓰지 않는다.

중국은 여러 채의 주택을 소유할 수 없도록 구매 제한이 있기 때문에 종합부동산세는 아직 없다.

CHECK 10
색깔로 구분되는 중국 매매 계약서

중국도 분양 주택을 사거나 중고 주택을 살 때 한국처럼 매매 계약서를 작성하게 된다. 매매 계약서는 중국어로 마이마이 흐어통(买卖合同)이라고 한다.

그런데 중국에서는 어떤 매물을 구매하느냐에 따라 매매 계약서 표지 색깔이 다르고 계약서 내용도 조금씩 다르다. 매매 계약의 유형에 따라 총 4가지 색을 사용한다.

파란색 표지는 분양 주택을 구매한 후 작성하는 매매 계약서이다. 표지에는 위소우 흐어통(预售合同)이라고 쓰여 있는데, 위소우(预售)는 매매가 예약되었다는 뜻이다. 즉 분양 주택은 구매를 했더라도 다 지어지지 않아서 입주할 때까지 등기이전을 할 수 없기 때문에 예매해 둔 것이다.

노란색 표지는 중고 주택을 매매한 후 작성하는 매매 계약서이다. 분양 주택은 개발상과 구매자 간의 계약인 반면에 중고 주택은 개인끼리 이루어진다. 매매가 이루어지면 기다릴 필요 없이 등기이전이 바로 되기 때문에 방띠찬 마이마이흐어통(房地产买卖合同, 부동산 매매 계약)이라는 표현을 사용한다.

초록색 표지는 비거주용 부동산 매매 계약일 때 사용한다. 중국은 아파트와 별도로 단지 내 주차장을 살 수 있다. 이와 같이 주택이 아닌 주차장이나 상가, 오피스를 구매하면 초록색 표지인 매매 계약서를 작성한다.

마지막은 핑크색 표지이다. 경우가 많지 않아서 보기 힘든 색깔의 계약서이다. 개발상이 토지를 구매하고 건축을 할 때 받은 대출을 다 상환하고 저당이 없는 분양 주택의 경우에 사용할 수 있다. 이런 집을 시앤팡(现房)이라고 부르는데, 중고 주택처럼 매매 대금을 납부하면 기다릴 것 없이 바로 등기이전이 가능하고 입주도 할 수 있다. 또한 개발상에서 개인에게로 처음 이루어진 거래이기 때문에 취득세만 내면 된다. 즉 중고 주택처럼 입주는 바로 하지만 분양 주택이므로 매도자의 양도세를 매수자가 대신 낼 필요는 없다.

분양 주택 매매 계약서
(파란색)

중고 주택 매매 계약서
(노란색)

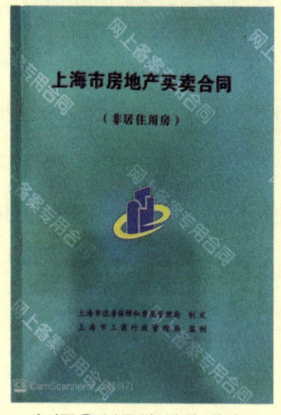
비거주용 부동산 매매 계약서
(초록색)

저당이 없는 분양 주택 매매 계약서
(핑크색)

CHECK 11
중국의 등기권리증, 방찬쩡(房产证)

중국에서 주택을 구매하고 나면 한국의 등기권리증과 같은 소유권을 증명하는 문서를 받을 수 있다. 바로 방산증이다.

중국어로는 방찬쩡이라고 한다. 원래는 부동산 권리증이라는 뜻인 방띠찬취엔쩡(房地产权证)인데 줄여서 방찬쩡이라고 부른다. 한국인들은 한국식으로 방산증이라고 부른다.

2016년 10월 8일 기존 초록색 표지에서 중국에서 부와 행운을 상징하는 빨간색으로 변경했다.

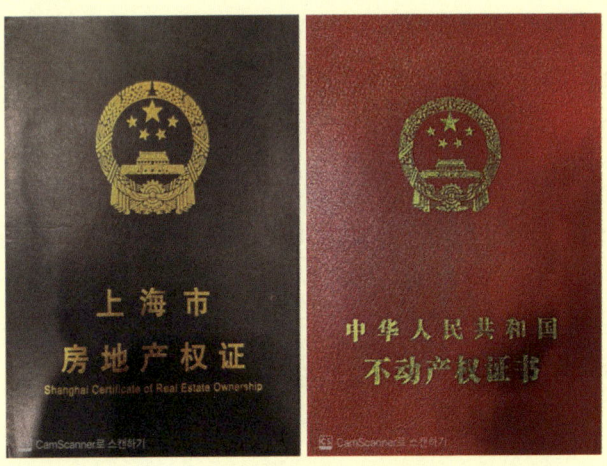

(좌)(구)초록색 표지의 방산증 표지, (우)(신)빨간색 표지의 부동산증

단순히 표지색을 변경한 것만 아니라 명칭도 방찬쩡에서 부동찬취엔쩡(不动

产权证)으로 변경하였고 바코드를 삽입해서 명의자가 소유한 다른 부동산도 같이 기재할 수 있게 했다.

주택을 사면서 주차장을 구매했다면 이전에는 주택과 주차장 방찬쩡을 각각 만들어야 했으나, 부동찬쩡에는 한 권에 둘 다 기재가 가능하다.(주차장은 매달 임대료를 내고 이용할 수 있지만, 집처럼 분양하고 구매할 수도 있다. 최근에는 차량 보유가 늘면서 주차 문제가 심각해져서 주차장을 임대하기 어려운 단지들도 많다. 주차장 분양가격은 주택처럼 어느 지역에 위치하느냐에 따라 가격이 달라지는데 적게는 10만 위안부터 100만 위안이 넘기도 한다. 또한 주차장에도 프리미엄이 붙어서 재테크 수단이 되기도 한다)

표지는 하드 보드지로 마치 책처럼 되어 있는데 방산증에는 어떤 내용이 적혀 있을까?

첫 페이지에는 〈중화인민공화국 물권법〉 등 법규에 의거하여 부동산 권리 등기를 허가한다고 되어 있고 중화인민공화국 천연자원부 감독 번호와 바코드가 기재된다.

여기서 중요한 것은 부동산 등기 허가일자이다.

부동산을 매도할 때 보유 기간에 따라 양도세가 감세나 면세되는데, 이때 보유 기간 판정 기준일은 부동산 매매 계약일이 아니라 등기 허가 일자이기 때문이다.

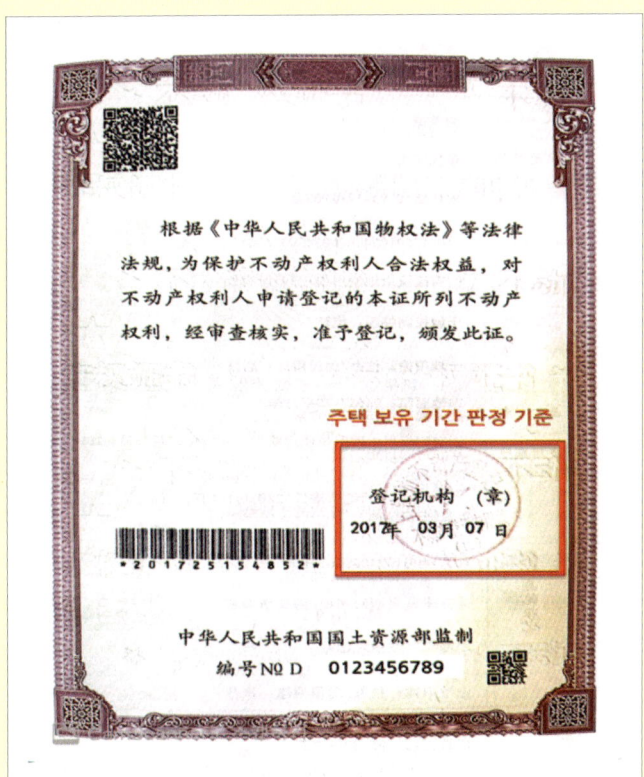

방산증 첫 페이지

두 번째 페이지에는 부동산 정보가 기재된다. 소유자명, 주소, 면적 등이 기재된다. 한국의 등기 권리증과 큰 차이점은 중국은 토지가 국가 소유이기 때문에 토지는 사용권으로 건물은 소유권으로 표기된다.

주택의 토지 사용연한은 70년으로 방산증에는 개발상이 토지를 구매한 시점부터 70년을 합산한 연도가 기재되어 있다.

방산증 두 번째 페이지

세 번째 페이지에는 추가로 기재할 사항을 적는다. 방산증 소유자명에는 중국인이거나 외국인이거나 한자 이름만 기재가 된다. 외국인의 경우 여권에는 한자 이름이 없다 보니 동일한 인물임을 증명할 수 없으므로 여권에 기재된 영문 이름을 추가로 기재한다. 가끔 이 부분이 누락되는 경우가 있으니 방산증을 만들 때 꼭 확인해 봐야 한다. 누락됐다면 확인 즉시 수정 요청을 해야 한다.

방산증 세 번째 페이지

마지막 페이지에는 단지 도면과 소유한 아파트 호실에 대한 건축 면적 측량 표를 부착한다.

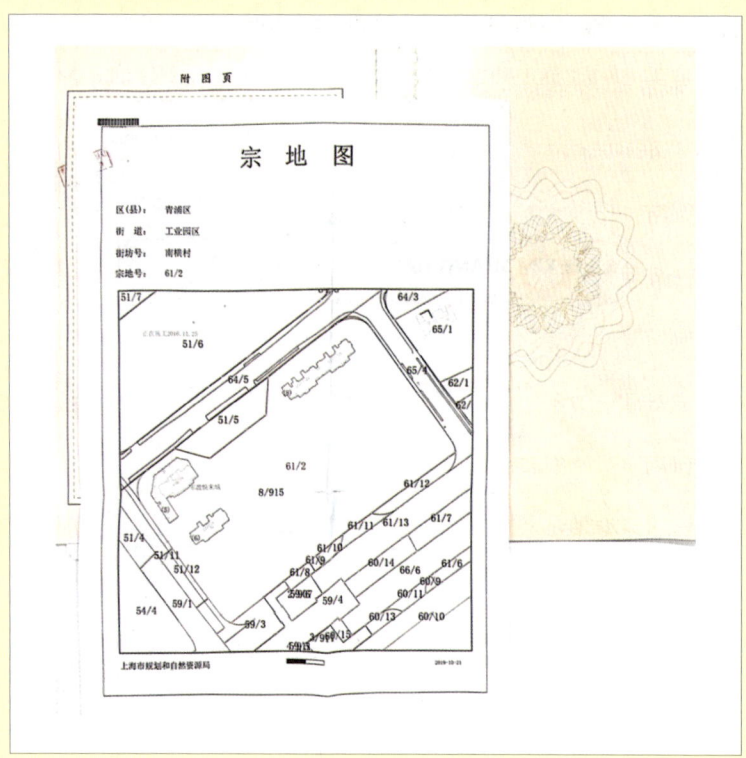

방산증 마지막 페이지

4장

부동산 전문가가 되려면 보고 투자하라

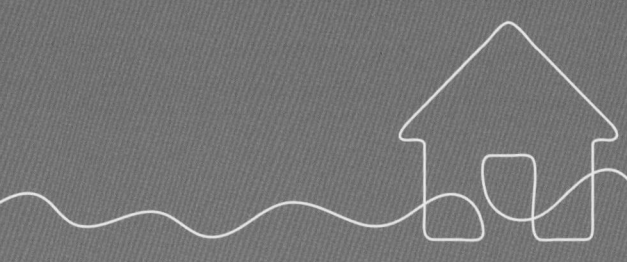

돈에 맞추지 말고 돈 되는 도시를 선택하라

모르면 1선 도시로 가라.

주택 매매를 하다 보니 상하이뿐만 아니라 중국의 다른 도시가 궁금해진다. 어디에 사람들이 많고 좋은 아파트들이 있는지 궁금해서 몇 가지 나눠서 공부하기 시작했다. 중국의 도시는 크게 '1선 도시, 2선 도시, 3선 도시'와 같이 세 가지 범주로 나뉜다.

이 분류는 도시 규모, 경제 발전 수준, 인구 밀도 등을 기준으로 하는데, 1선 도시는 중국에서 가장 크고 경제적으로 발달한 도시로서

베이징, 상하이, 광저우, 션전이 이에 해당한다. 2선 도시는 상대적으로 작지만 인구는 많고 경제적으로 발전하는 중간 규모의 도시로서 청두, 난징, 칭다오, 티엔진 등이 이에 해당한다. 3선 도시는 상대적으로 작은 규모의 지방 도시들로 제조업과 농업에 의존하며 인구 밀집도와 경제 수준이 낮은 도시들이다.

외국인으로 주로 상하이나 베이징에 사는 것이 편한 것처럼 투자도 1선 도시에 하는 것이 좋다. 2, 3선 도시들도 발전하고 집값도 상승하지만, 2, 3선도시들은 오를 때는 조금 오르고 떨어질 때는 훅 떨어지는 경우가 많기 때문이다. 한국 부동산에서 서울과 지방 도시를 비교하면 비슷한 원리이다. 서울은 오를 때는 무섭게 오르고 떨어질 때는 조금 떨어졌다가 반등하는 반면, 지방 도시는 상승도 쉽지 않지만 상황이 좋지 않을 때는 쉽게 하락하는 것과 같이 중국도 그렇다.

미국의 서브프라임 모기지 사태가 발생한 2007~2008년, 미국은 부동산 거품이 꺼지고 모기지론 부실, 대규모 차압 및 주택 저당 증권 가치가 하락했고, 이에 따라 부동산 투자 대침체가 발생하여 소비자 및 사업 투자가 감소하는 현상이 일어났다. 미국의 영향으로 전 세계가 금융 위기를 맞았던 그때…. 중국은 4조 위안을 풀면서 상하이는 오히려 집값이 크게 올랐다.

그러자 "상하이 부동산 시장은 버블이다, 이제는 끝났다."라는 말들이 공공연히 떠돌았다. 그런 데다 환율이 급등하기 시작해서 2007

년 이전은 120위안 정도 하던 환율이 150위안으로 치솟더니 2008년 말에는 최고 230위안까지 올랐다. 당시 상하이에 집을 갖고 있던 사람들은 같은 가격에 팔거나 시세보다 더 싸게 팔더라도 환율이 올라서 한국으로 송금하면 큰 수익을 손에 쥘 수 있기에 이때 매도를 많이 했다.

상하이의 집값이 많이 오르자 규제 정책이 쏟아지면서 집값 상승은 진정됐지만 이미 많이 오른 상태라서 상하이에 투자하는 것은 상투 끝을 잡는 것과 같다는 의견이 많았다. 그래서 상하이 교민들은 새로운 투자처로 2선 도시인 충칭, 시안 등에 눈을 돌리기 시작했다.

내가 상하이에 온 2009년은 이미 집값이 오른 시기이고 집값 대비 아파트 품질이 너무 떨어진다는 생각에 기회를 놓쳤다. 그래서 충칭을 분양하는 회사에 가서 설명을 들어보니 충칭은 2선 도시지만 4대 직할시이고 중국이 내륙으로 개발될 때 중요한 중심축이었다.

게다가 해외에서 들어오는 선박이 양쯔강을 따라 충칭까지 직접 들어올 수 있어 내륙이지만 보세구로 지정되어 있는 매력적인 도시였다.

개발 계획만으로도 구매할 이유는 충분했지만, 현장에 가서 눈으로 한 번 더 확인하고 싶었다. 상하이에서 2시간 넘게 비행기를 타고 충칭으로 건너갔다. 양쯔강뿐만 아니라 자링강이 교차하고 있어 상하이 루쟈주이처럼 강을 조망할 수 있는 아파트들도 있고, 공항에서 멀지 않은 곳에 신도시로 개발되는 곳도 있었다.

철강, 자동차, 전자제품 등 산업 분야에 세계적인 업체들이 많이 들어와 있고 삼성전자까지 들어간다는 소문이 돌고 있을 때라 황금 노다지처럼 보였다. 강이 보이는 지역도 좋았지만, 나는 신도시 쪽에 관심이 더 갔다.

충칭은 분지 지역이고 강이 많아서 안개가 자주 끼다보니 출퇴근 시간에 교통체증이 심하다. 그래서 강 쪽 아파트보다는 기업들이 들어와 있는 지역과 접근성이 좋은 신도시 쪽이 투자 가치가 더 있어 보였다. 더욱이 아이가 있는 가족이라면 베이징대학 부속 학교도 있어서 학군도 좋고, 새로 지상철이 생길 것이고 이케아뿐만 아니라 대형 쇼핑몰도 들어선다니 살기에도 딱 맞을 것 같았다.

아파트도 1단지에서 10단지까지 있는 대형 단지인 것도 마음에 들었다. 단지 안에 있는 수영장이 내려다보이고 층수도 30층이 넘어서 탁 트인 동호수를 선택할 수 있었다. 선수금은 30만 위안 정도면 됐고, 이율이 높은 인민폐 대출이 아닌 저금리의 달러 대출을 받을 수 있어서 안 할 이유가 없었다. 상하이에서 놓친 기회를 2선 도시지만 이곳에서 만회해 보고 싶었다. 이 선택이 내가 부동산을 선택하는 기준을 만들어준 경험이었다.

2선 도시는 아무리 좋은 위치에 좋은 아파트라도 1선 도시와 달리 발전 속도도 집값이 오르는 속도도 더뎠다. 더군다나 악재가 있자 볏

충칭 분양 아파트 조감도

짚으로 지은 집처럼 허망하게 어이없는 가격까지 내려갔다. 팔고 싶어도 팔리지 않아 매물을 내놓고 1년이 넘어서야 손해를 보고 간신히 팔 수 있었다. 5년을 보유하면서 취득세, 대출금까지 생각하면 손해 금액은 훨씬 더 컸다.

  1선 도시가 2, 3선 도시보다 비싸기 때문에 투자금이 많이 들어서 투자가 망설여진다면 이 말을 꼭 해주고 싶다. 돈에 맞추지 말고 돈 되는 도시를 선택하라. 상하이 도시개발이 궁금해지기 시작했다면 여러분은 중국 부동산을 보는 눈이 생긴 것이다. 중국에서 주택을 구매한다면 2선 도시보다 베이징, 상하이, 광저우, 션젠과 같은 1선 도시에 해야 안정적이고, 수익률이 높은 걸 알았다. 그중에 상하이를 눈여겨보면 보면 좋겠다.

돈 되는 도시 상하이

한인타운의 아파트에 살고 있다면 강남에서 사는 것과 같다.

돈 되는 도시를 선택한다면 1선 도시 중에서 상하이를 추천하겠다. 상하이는 중국 경제의 중심, 중국 제1 대도시, 중국 제1 국제화 도시, 세계 최대의 항구 보유 도시, 세계 최장 지하철 노선 보유 도시 등 수식어가 많은 도시다. 상하이는 서울보다 10배 큰 도시이다. 서울은 25개의 행정구로 나뉘어 있지만 상하이는 16개의 행정구로 이루어져 있다. 큰 크기인데 반해 행정구 수는 적다 보니 외곽에 있는 행정구 하나의 면적이 서울보다 크다.

이 중에 어디가 좋은 구역이냐고 묻는 분들이 많은데 한국의 강남처럼 행정구역 하나를 말하기 어렵다. 대신 우리가 상하이 관광을 오면 꼭 들르는 상하이 임시정부 청사가 있는 황푸취나 동방밍주가 있는 푸동취는 꼭 이야기해 준다.

그리고 돈 되는 투자를 하고 싶다면 교통 환선을 볼 줄 알아야 한다. 상하이 교통 환선은 내환선, 중환선, 외환선 그리고 외곽순환도로(G15-01)로 이루어져 있다. 내환선 안쪽이 가장 비싸고, 중환선과 외환선으로 갈수록 집값이 내려간다.

집값이 가장 비싼 황푸취, 징안취 등은 모두 내환선 안에 있다. 우리 교민 중 대기업 주재원들이 오면 많이 거주하는 구베이 지역은 중환선 안에 있고 가장 많은 교민이 사는 홍취엔루 지역은 외환선 안쪽에 위치한다. 외환선 안쪽까지는 대부분 개발이 끝나서 빈 땅을 찾아보기 힘들다 보니 외환선 안쪽은 시중심 지역, 외환선 바깥 지역은 교외 지역이라도 부르기도 한다.

상하이 행정구역 구성(2023년 기준)

상하이에 처음 왔던 2009년 지도에는 상하이 전체가 아닌 외환선까지만 표시되어 있었다. 홍취엔루 한인타운은 외환선에 인접해 있어 지도에서 보면 왼쪽 하단 끝자락에 위치해 있어서 찾기 어려웠다.

당시 지도를 보면서 한국 사람이 중국에 와서 시중심으로도 못 들어가고 공항에서 멀지 않은 곳에 간신히 자리잡고 모여 살고 있구나! 하면서 그동안 타국 땅에서 고생해 온 한국 교민에 대한 짠한 마음이 들곤 했다. 그런데 이제 상하이 지도를 사 보면 상하이 전체가 나오고 그중 한인타운은 시중심에 위치해 있음을 알 수 있다. 그러므로 지금 한인타운의 아파트에 살고 있다면 강남에서 사는 것과 같다.

상하이 교통환선: 시중심 지역은 내환선, 중환선, 외환선이 있고 교외 지역은 외곽순환도로 가 있다. 교통 환선에 따라 부동산 가격 차이가 있다.

출처: 上海发布

상하이 도시 계획에 해답이 있다

과거를 알면 현재를 알 수 있고, 현재를 알면 미래가 보인다.

투자는 도시계획과 연관이 있다. 더욱이 상하이는 과거를 알면 현재를 알 수 있고, 현재를 알면 미래가 보이는 도시이다. 강남 개발을 본 한국인은 더 이해하기 쉬울 것이다.

상하이는 20년 단위의 큰 개발 계획을 세워 큰 그림을 그리고 그사이에 5년 단위의 세부 계획을 세워서 개발한다. 서울시도 아직 개발이 다 되지 않았는데 그보다 10배가 더 큰 상하이를 한꺼번에 개발하는 것은 불가능하다. 그렇다보니 시간을 갖고

상하이시 도시계획 전시관.
주소: 黄浦区人民大道100号

상하이 도시 계획관 1층 바닥에 상하이 지도가 그려져 있는데, 안내원이 방문객들에게 상하이에 대해서 설명을 해준다. 많은 외국인들도 방문해서 설명을 듣는다.

과거, 현재, 미래에 대한 상하이 개발 계획이 지역별 시대별로 자세히 설명되어 있다.

단계별로 체계적으로 개발 중이다. 개발 계획을 보면서 아직 우리에게 남아 있는 기회는 어디에 있는지 알아보자.

상하이 첫 도시 개발 계획은 1946년부터 나왔다. 상하이도 우리와 같이 일제 강점기를 거치고 1945년에 해방됐는데 그다음 해인 1946년부터 체계적인 도시개발 계획을 세웠다는 것이 놀랍기만 하다. 이때 상하이 면적은 지금의 1/7 정도였고 당시 상하이 인구는 400만 명 정도로 1996년까지 인구를 1,500만 명으로 늘리는 '큰 상하이(大上海)'를 만들겠다는 계획을 세웠다. 그에 걸맞은 도시 계획을 세웠고 50년 후인 1990년대를 평가해 보면 계획대로 다 이뤄냈다.

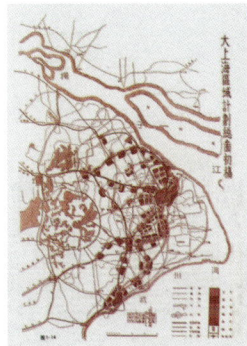 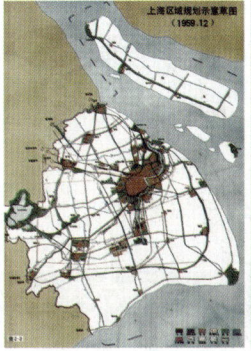 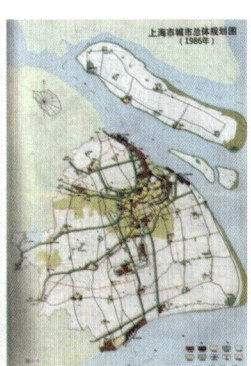

과거 상하이 도시 개발 계획도
출처: 中房楼据研究院

1960년대 이전에는 "宁要浦西一张床, 不要浦东一间房"이라는 말이 있었다. 상하이 푸동의 방 한 칸보다 푸시의 침대 하나가 낫다는 말로, 푸동신취가 개발되기 전에는 푸동은 줘도 안 갖는 땅이었다. 그런 푸동 땅을 1990년대 본격적으로 개발하기 시작했다. 이때 상하이 배경 드라마나 영화에 꼭 나오는 동방밍주가 있는 푸동의 루쟈주이가 개발된다. 동방밍주가 없는 루쟈주이 사진을 보면 이런 시절이 있었나 신기하기만 하다.

상하이에 와서 참 아쉬웠던 것 중 하나가 '왜 아름다운 황푸강변을 한강처럼 개발하지 않을까'였다. 와이탄 앞쪽 일부와 루쟈주이 앞쪽 일부만 개발되어 있어 몇 발자국만 걸어도 더 이상 걸을 수 없었다.

1990년대 초 상하이 와이탄과 루자주이(동방밍주 건설 전 모습)
출처: 바이두

　상하이는 2020년 개발 계획에서 6대 중점 개발 지역을 지정했는데 황푸강 연안 개발도 포함되었다. 지금은 황푸강 서쪽과 동쪽 강변 43㎞가 지역별 특색에 맞춰 개발되었으며 각 지역이 연결되어 있다. 2015년과 2016년에 상하이 집값이 많이 올랐다. 이 때 상대적으로 교외 지역이 많이 개발되면서 교외 지역 가격이 시중심 지역보다 많이 올랐다. 그래서 지금은 오히려 시중심 부동산을 투자할 때라는 캠페인으로 시중심의 보석 같은 매물을 소개하는 프로젝트를 진행했다. 시중심의 황푸강변 아파트를 보여주면서 2020년 6대 중점 개발 계획에 황푸강 연안 개발 계획이 포함되어 양푸대교에서 쉬푸대교까지 푸동, 푸시 양쪽 강변이 개발된다고 얘기했다. 황푸강변이 연결되면 상하이 국제마라톤 때 이곳을 달릴 것이라는 농담을 했는데, 현실이 되었다.

  지금은 황푸강변도 한강변 못지않게 멋지다. 특히 해가 질 무렵 쉬푸대교부터 와이탄 방향으로 강변을 따라 올라가면, 하나 둘씩 건물마다 불이 켜진다. 그 길을 따라 와이탄에 도착하면 낮과는 또 다른 느낌의 상하이를 만날 수 있다. 100년 전 서양 열강들이 탐냈던 상하이, 그리고 현재는 미국도 함부로 어쩌지 못하는 중국의 경제 중심인 상하이가 거기에 있다. 강을 사이로 와이탄과 루쟈주이 마천루들이 만들어 내는 멋진 야경을 보면 나도 모르게 상하이를 사랑하게 되고 이런 곳에 집 한 채 갖고 싶다는 꿈을 꾸게 된다.

(좌)루쟈주이 마천루 사이로 떠오르는 일출, (우)황푸강변 산책로 야경

황푸강 연안 외에도 2020년까지 상하이 국제리조트(디즈니), 엑스포 단지, 린강 지구, 홍차오 CBD, 치엔탄 지구 6곳을 중점 개발하겠다고 계획을 세웠고 2020년까지 다 이뤄냈다. 그뿐만 아니라 6곳은 다른 지역보다 높은 집값 상승률을 보였다.

2020 상하이 6대 중점 개발 지역 현황

상하이에 일찍 와서 2020년 6대 중점 개발 지역을 미리 알고 투자했더라면 참 좋았겠지만, 그렇다고 지금도 기회가 없는 것은 아니다. 상하이는 2035년까지 어떻게 개발하겠다라는 계획을 갖고 있다.

상하이 투자는 시간과의 싸움이다

상하이가 2035년까지 어디를 개발할지 찾아야 한다.

상하이는 도시 계획을 세운 대로 변경 없이 진행한다. 그래서 개발 계획을 알면 그 길목에 자리를 잡고 기다리면 된다. 최근에 나온 개발 계획은 '2035 Shanghai'로, 2035년까지 어디를 어떻게 개발하겠다는 내용이 다 포함되어 있다. 상하이 도시 계획관에 가보면 '2035 Shanghai' 개발 계획을 미니어처와 영상으로도 만들어 상영하므로 도시 계획을 쉽게 이해할 수 있다.

'2035 Shanghai' 개발 계획은 기존 계획과 확연한 차이가 있다. 기존 상하이 개발 계획은 한마디로 '대공사'라고 할 수 있다. 기반 시설들이 취약하다 보니 상하이 전 지역을 개발하면서 온통 공사판으로 만들었다. 그러나 이제는 개발될 만큼 개발됐고 그와 함께 급속한 경제 발전을 이룩해 내면서 삶의 질을 높이고자 하는 욕구가 생기면서 '2035 Shanghai' 개발 계획은 도시의 수준을 높이는 쪽으로 방향을 전환했다.

'2035 Shanghai' 개발 계획 표지와 로고
출처: 2035 SHANGHAI上海市城市总体规划(2017~2035년)

상하이를 뉴욕, LA, 런던, 도쿄와 같은 글로벌 도시 수준으로 끌어올려 사람이 살기 좋은 도시를 만들겠다는 것이다. '2035 Shanghai' 개발 계획 상징 로고에는 "2035 Shanghai 我们共同美好的家园 (2035 상하이 우리 함께 아름다운 집, 가정)"이라고 적혀 있다.

인구 10만 명 이상인 지역에는 지하철 공급량을 100%로 늘린다! 공공서비스 시설까지 걸어서 15분 내로 도달하게 한다! 지역별로 공공 개방형 공간, 즉 공원이나 광장 등을 많이 만들어 5분 내로 도달하게 한다! 탄소 배출률을 15% 내외까지 감소시킨다! 생태 용지 면적을 60% 이상 가진다 등등, 개발에만 중점을 맞추는 것이 아니라 살기 좋은 도시를 만드는 내용이 포함되어 있다.

'2035 Shanghai' 개발 계획의 또 다른 특징 중 하나는 상하이 내부 개발 계획뿐만 아니라 주변 도시와 연계 개발 내용이 들어가 있다는 것이다. 중국의 제1 경제권은 장삼각 경제권이다. 장삼각 지역은 안후이성, 장쑤성, 저장성에 있는 총 41개의 도시로 이뤄진 곳으로 중국 GDP의 1/4을 차지한다. 그중 가장 큰 비중을 차지하는 곳이 바로 상하이이며, 가장 중심 역할 하는 것도 상하이이다.

이제 상하이만 잘 먹고 잘살겠다는 개발에서 주변 도시까지 연계 개발하는 어른 같은 도시 개발 계획을 세워야 할 때가 온 것이다. 그래서 '2035 Shanghai' 개발 계획에서 상하이 주변의 항저우, 수조우, 닝보, 난통 등과 같이 고속철도를 타고 1시간 내외로 도달할 수 있는 도시들과 생태 협조, 교통 협조, 전략적 협조 개발 계획을 세웠다.

그렇다면 상하이 내부는 어떻게 개발될까? 상하이 내부는 예나 지금이나 균형 개발이다. 워낙 면적이 넓다 보니 한꺼번에 도심을 채우고 인구를 이동시키기는 쉽지 않다. 1946년 도시개발 계획에도 시중심에 사람들이 몰려 살면서 인구 밀도가 높아져 삶의 질이 떨어지는 것을 해결하기 위해 상하이 외곽에 위성도시를 개발해 인구를 분산시켰었다. '2035 Shanghai' 개발 계획에서 상하이는 1개의 중앙활동구, 9개의 부중심, 5개의 신도시, 2개의 핵심 타운, 8개의 지구 중심 타운, 13개의 사구 중심 타운으로 개발해서 인구를 분산한다.

 2020년까지 상하이 시중심은 1개의 주중심과 4개의 부중심을 두어 분산했는데, 주중심은 더 확장돼서 중앙활동구로 변경되었다. 1개의 주중심은 인민광장이고 부중심은 오쟈오창, 화무, 쩐루, 쉬자후이 이렇게 4개였다. 이 중 쉬자후이는 중앙활동구로 들어가게 돼서 2035년까지 사람들이 가장 많이 활동할 곳이 되었다.

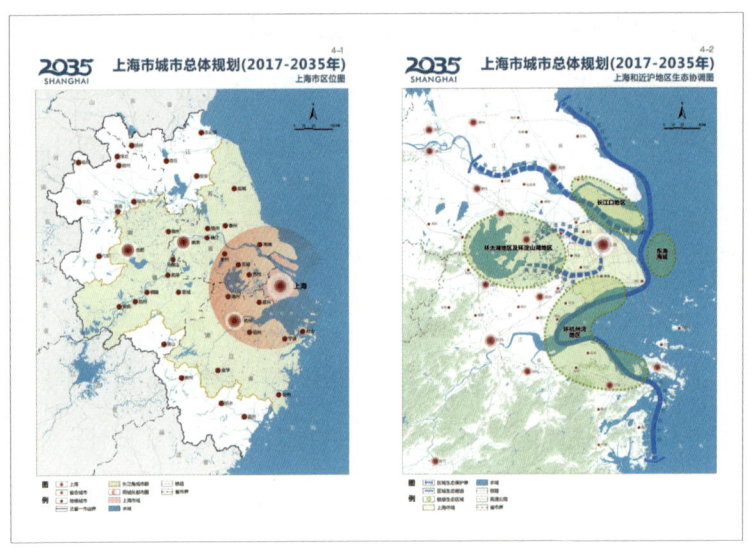

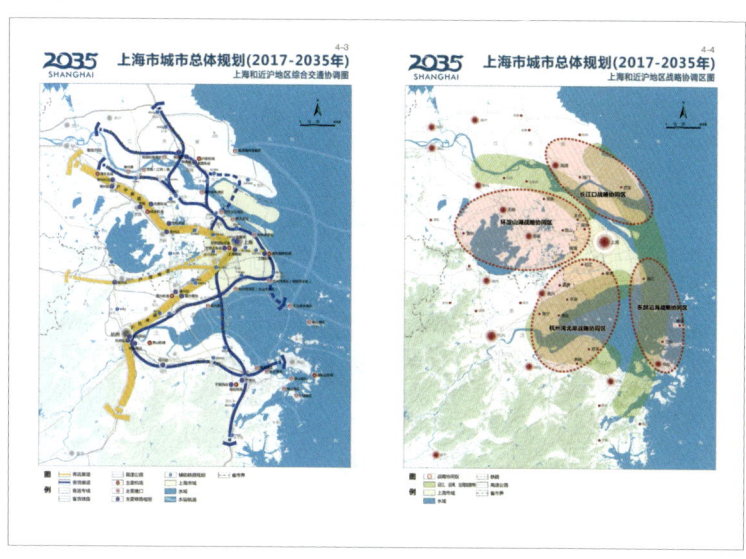

상하이 주변 도시와 연계 개발 계획도
출처: 2035 SHANGHAI 上海市城市总体规划(2017~2035년)

  중앙활동구는 앞에서 말한 교통 환선인 내환선에 겹치는 부분이 많지만, 2020년 6대 중점 개발 지역이었던 치엔탄 지역은 중환선 안쪽에 위치하지만 중앙활동구에 속한다. 2035년까지 쓰기 위해 2020년 개발 계획에 넣고 미리미리 준비시켜 놓은 것이다. 중앙활동구는 서울의 강남 이상으로 비싼 지역이므로 지금 투자하러 들어가기는 쉽지 않지만, 예전에 사두었다면 2035년까지는 굳이 팔 이유가 없다. 상하이에서 탑 오브 더 탑인 지역이다.

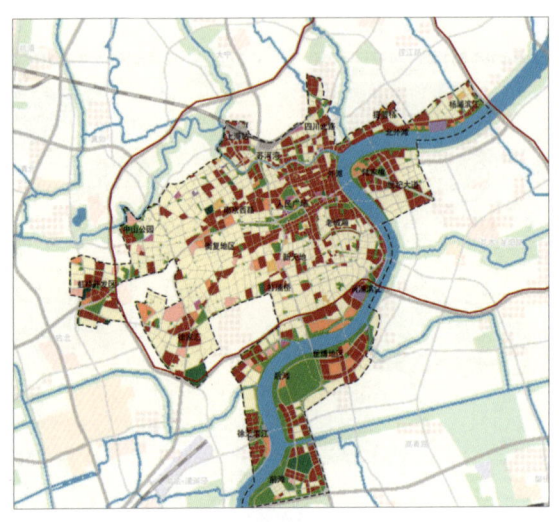

중앙활동구
출처: 2035 SHANGHAI上海市城市总体规划(2017~2035년)

시중심은 더 확장된다. 외환선 안쪽까지가 시중심이었던 것에서 바오샨 신도시, 홍차오 CBD, 민항 신도시, 디즈니가 있는 상하이 국제관광 휴양구, 와이까오챠오 지역까지 시중심으로 포함됐다. 이와 같이 동서남북으로 시중심을 더 키웠다. 그러면서 바오샨 신도시 내의 우송, 홍차오 CBD, 민항 신도시의 신좡, 상하이 국제관광 휴양구의 촨샤를 부중심으로 승격시켰다. 중앙활동구로 편입된 쉬자후이 외 남은 3개의 부중심과 추가로 편입된 지역의 4개 부중심 그리고 푸동신취의 장쟝, 진챠오 두 지역을 부중심으로 지정하면서 부중심은 총 9개가 됐다.

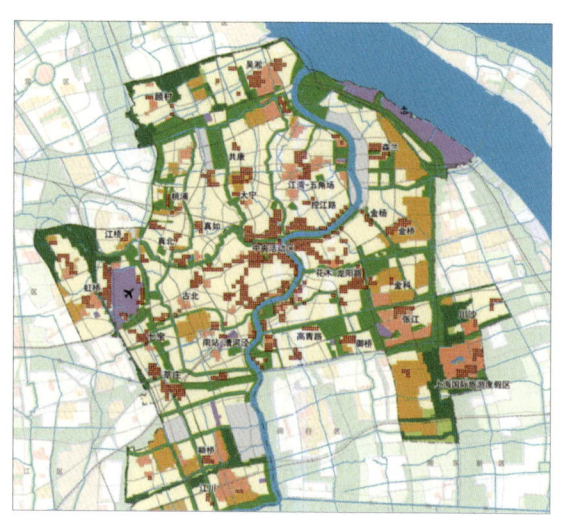

시중심 영역 확대
출처: 2035 SHANGHAI上海市城市总体规划(2017~2035년)

시중심은 더욱더 키웠지만, 사람들이 시중심에만 몰려 살게 되면 인구 밀도가 높아져 쾌적한 삶을 누릴 수가 없다. 그렇다고 서울의 10배가 넘는 상하이를 한꺼번에 다 개발할 수도 없는 일이다. 그래서 교외 지역에는 분당, 일산처럼 신도시를 지정해서 시중심은 중심대로 커지고 외곽은 신도시를 중심으로 커져서 상하이가 다 채워지게 할 예정이다. 5대 신도시는 쟈딩, 칭푸, 송쟝, 펑시엔, 린강(난후이) 신도시이다. 그 외에도 진샨은 저장성에서 들어오는 관문이고 총밍은 장쑤성에서 들어오는 관문이므로 핵심도시로 지정해서 개발한다.

그뿐만 아니라 주중심 주변의 8개 지역과 상하이 외곽순환도로 주변의 13개 지역을 지구 중심과 사구 중심으로 지정하여 신도시보다는 작은 규모지만 중심 도시로 개발할 예정이다.

자! 이제 상하이에서 2035년까지 어디가 개발될 것인지 알았으니, 나의 예산에 맞는 곳에 먼저 가서 진을 치고 기다리기만 하면 된다. 반드시 그대로 이뤄질 것이다. 이제부터 투자는 시간과의 싸움이다.

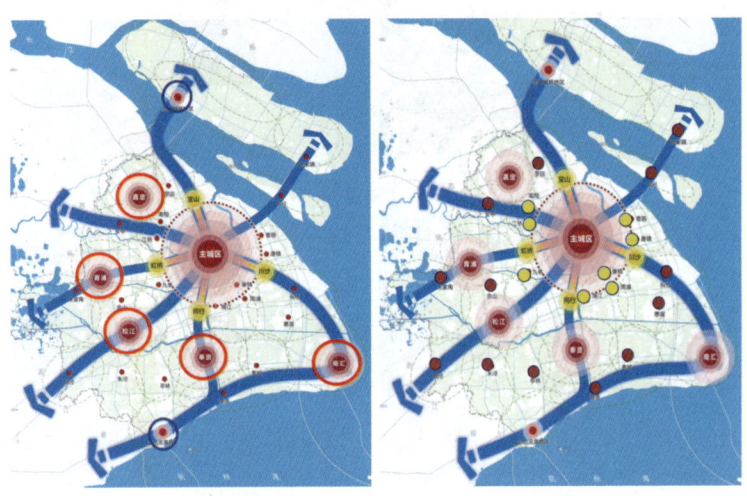

5대 신도시 + 2대 핵심타운   8개 지구 중심 + 13개 사구 중심
출처: 2035 SHANGHAI 上海市城市总体规划(2017~2035년)

중국 투자 실패하지 않으려면 정책을 보라

시간과 싸울 때 고려해야 하는 것이 바로 정책이다. 자본주의 국가의 부동산 시장은 정부의 정책보다는 시장의 논리에 의해 움직인다. 그러나 중국은 국가가 어떤 정책을 제시하는지에 따라 시장이 움직인다.

최근에는 중국 내부 요인뿐만 아니라 전 세계 상황에도 영향을 많이 받기 때문에 예전처럼 정부가 정책을 내면 즉각 반영되지는 않는다. 그런데도 중국에서는 정책을 보고 흐름에 따라 부동산 투자를 하면 실패할 확률이 낮다는 것이다.

"정부가 완화해 줄 때는 사고, 규제할 때는 견디고 다시 완화해 주면 팔면 된다." 규제한다고 집이 날아가는 것이 아니니 걱정하지 말고 견디고 완화해 줄 때 팔면 된다는 것이다. 오랫동안 부동산 시장을 지켜보며 부동산에서 돈 버는 나만의 방법이다.

2000년대 초반부터 외국인도 집을 살 수 있게 풀어줬다. 당시 유행했던 말 중에 "푸동 공항에 내려서 돌을 던져 맞는 집을 사면 된다."고 할 정도로 아무 집을 사도 수십 배는 올랐다. 이때는 규제 자체가 없던 시기이다. 취득세와 양도세도 없었고 몇 채를 사도 상관없었다. 즉 돈만 있으면 살 수 있었던 것이다.

그런 시기임에도 집을 못 샀던 것은 사실 중국이라는 나라에 대한 신뢰가 없어서이다. 중국은 위험한 나라라서 투자를 하면 안 되고, 돈을 벌었어도 가지고 나갈 수 없다고 우리는 교육을 받았기 때문이다. 그때가 중국에 투자하기 좋은 황금기였는데도 말이다.

2005년경부터는 제도를 정비하면서 규제가 시작됐지만 미비한 편이라 마음만 먹으면 투자를 할 수 있었다. 지금과는 상황이 많이 달라 옛날 이야기처럼 들릴 수 있지만 황금기를 본 적이 있기에 성공하는 패턴을 알게 된 것이다.

2015년은 최근 10년간 가장 완화된 정책을 폈던 시기이다. 2010년부터 2014년까지는 계속 규제가 이어지면서 상하이는 끝났다, 버블이라는 의견이 지배적이여서 상하이 투자는 주춤했고, 상하이 교민들도 시안, 충칭 같은 2선 도시에 많이 투자했다.

두둥, 2015년 3월 30일 갑자기 대폭적인 완화 정책이 나왔다. 선수금 비중을 낮춰주고, 첫 주택이거나 두 번째 주택이라도 대출금을 다 갚았으면, 엄청나게 많이(쉽게) 대출을 해주었다. 또한 한 해 동안 6.15%였던 금리도 5차례를 거쳐 4.9%까지 낮춰주었다.

또한 취득세도 3%에서 1.5%로 절반으로 낮춰주니 안 살 이유가 없었다. 정부에서 이렇게 풀어주니 너도나도 집을 경쟁적으로 사고자 했고, 개발상의 마케팅 방법이 이런 심리를 더욱 부추겼다. 이 과정에서 집값이 크게 상승했다. 2015년 1월 15일부터 교민들에게 따홍차오 지역을 소개하는 프로젝트를 진행했는데, 2015년

초만 해도 상하이는 끝났다고 생각하던 때라 투자 유치를 하는 것이 쉽지 않았다.

　게다가 따홍차오 지역은 외환선 밖에 위치하다 보니 외환선 안쪽만 시중심이고 밖은 교외 지역이라는 생각도 큰 걸림돌이었다. 외환선을 벗어나는 순간 차에서 내리겠다는 사람들도 있었고 허허벌판이 왜 이렇게 비싸냐면서 가격에 대한 저항도 심했다. 이곳이 다 채워지려면 오래 걸릴 것이라고 이구동성으로 얘기했다. 이후 3월 30일 대대적인 완화 정책이 나오면서 판도가 달라졌다. 경쟁적으로 집을 사게 됐고, 자고 나면 집값이 오른다고 할 정도로 사기만 하면 올랐다.

　그런데 집값이 너무 오르자 2016년부터 기준을 강화하기 시작했다. 상하이 호구가 아닌 외지인의 구매 자격 조건부터 강화했다. 투기 심리를 부추기면서 폭리를 취하던 개발상에게는 판매허가증이 나오기 전에 판매를 못하게 하고 허위, 과다 광고를 하지 못하게 했다. 이를 어기는 개발상에게는 벌금이나 영업정지 등 철퇴를 가했다.

　그리고 두 번째 주택 기준을 강화하고 선불금 비율을 높였다. 여기서 두 번째 주택을 강화해서 규제한다는 것이 이해하기 쉽지 않을 것이다. 두 번째 주택을 어떻게 규정하느냐에 따라서 부동산 거래를 풀었다 죄었다 할 수 있다. 이 기준은 대출해 줄 때 적용되는 기준이다.

첫 번째 기준은 不认房不认贷(부런팡부런따이)로서 주택 유무와 대출했던 기록 여부를 모두 심사하지 않는 것이다. 두 번째 기준은 认房不认贷(런팡부런따이)로서 주택 보유 여부만 평가하고 예전에 대출을 받았었는지는 보지 않는 것이다. 현재 상태만 평가하므로 가장 합리적인 평가 방법이다. 세 번째 기준은 认房又认贷(런팡이요우런따이)로서 주택 보유 여부뿐만 아니라 대출을 받은 적이 있는지도 평가한다. 예를 들어 현재는 집이 없는데 예전에 대출을 받았다면 두 번째 주택으로 보는 것이다. 이것은 대출을 가장 강화할 때 쓰는 기준이다.

지금까지 이야기한 것만 들어도 중국 정부 정책 실행력은 강력하다는 것을 알게 되었을 것이다. 한다면 하고 하겠다고 발표하면 바로 시행한다. 공수표나 민심을 얻기 위한 거짓말은 하지 않는다.

2015

- 제2주택 구입 시 선불금 비중 60~70% → 40%로 하향 조정
  주거환경 개선과 투자 목적 수요에 직접적 영향

- (첫 번째, 보통주택, 자가형 세가지 조건에 부합되는 경우) 공적금 대출 시
  선불금 비중 20%로 하향 조정
  내 집 마련 주택 수요에 직접적 영향

- 현재 1주택 보유, 단 대출 상환 완료 후 공적금 대출 시
  선불금 비중 30%로 하향 조정
  주거환경 개선, 투자 목적 수요에 영향

- 영업세 감세 기준 5년에서 2년으로 단축
  내 집 마련, 주거환경 개선, 투자 모든 수요에 직접적 영향

2016

- 취득세율 조정
  면적 140㎡ 이상 주택 (비보통주택)
  첫 번째 주택 구입 시 취득세 3% → 1.5%

- 외지인 주택 구입 자격 조건 강화
  외지인 주택 구입 시 사회보험 또는 납세 증명 5년 이상 요구

- 두 번째 주택 기준 강화
  두 번째 주택 선불금 50~70% 이상으로 조정,
  두 번째 주택 기준 강화 (认房不认贷)

  조정 전: 주택 소유했지만 대출 상환 후
  　　　　두 번째 주택 구입 시 첫 주택으로 인정✅🤭
  조정 후: 주택 소유 상태에서 주택 재구입 시
  　　　　두 번째 주택으로 인정✅🤭

2016 영업세를 증치세로 개정
(세율 소폭 하향 조정)

개발상 관리 감독 강화
허위, 과장광고 관리 감독 강화
분양허가증 취득 전 판매 행위 금지 (의향금 접수)
정부 비준가격 투명 공개 (개발상 임의 조정 불가)
비준가격 하향 조정폭 20% → 5%로 조정

첫 번째 주택 선불금 35% 이상으로 조정,
두 번째 주택 기준 강화 (认房又认贷)
조정 전: 주택 소유 상태에서 주택 재구입 시
  두 번째 주택으로 인정 ✓
조정 후: 주택 미보유 상태더라도 대출 기록 있을 시
  두 번째 주택으로 인정 ✓

2017 토지 경매 과열 방지 정책
(경매 참여 개발상 수, 입찰 횟수 제한)

限售 (시엔쏘우)정책
도시에 따라 구입 후 2,3,5,10년 동안 매각 금지
(상하이는 해당 사항 없음)

임대 전용 주택용 토지 보급 확대
상하이, 베이징, 항저우, 난징 등 전국 13개 시범 도시 지정

2018 법인 주택 매입 조건 강화
기업 설립 후 5년 초과해야 매입 가능 (기존 3년)

주택 추첨 신규정 제정
주택 구매 시 동시에 다수 주택 추첨 참여 금지

보장성 주택 혜택 대상 확대
외지인도 상하이 거주증 매월러지 120점 이상,
기혼, 상하이 주택 미보유, 사회보험 5년 이상 납부 등
조건 만족 시 보장성 주택 구입 가능

2019 Loan Prime Rate, LPR 제도 시행

도시 내 지역별 차등 정책 시행
상하이 린강 지역 구입제한 완화

2020 완화 이후 기존 정책 기조
"房子是用来住的,不是用来炒的" 유지
(팡즈스용라이주드어, 부스용라이차오드어)

2015~2020년까지 연도별로 실시한 정책 요약

2016년 외지인 주택 구입 자격 조건 강화 정책이 나왔을 당시도 그랬다. 상하이 호구가 아닌 외지인인 친구가 있었는데, 따훙차오에 있는 싱가포르 개발상이 지은 런헝시쟈오화원 아파트를 사려고 상하이 외곽 신도시에 사두었던 집을 팔았다. 이때만 해도 상하이 호구가 아닌 외지인은 상하이에 2년 동안 사회보험료를 내면 집을 살 수 있었는데 갑자기 2년에서 5년으로 연장하는 정책이 발표됐다. 정책 변화로 상하이에 집을 사려면 3년을 더 사회보험료를 납부해야 했다. 3년 동안 사회보험료를 더 납부해서 주택 구입 자격 요건을 갖추었지만 그 사이 집값이 너무 올라서 다시 살 수가 없었다.

코로나가 시작되던 2021년, 상하이 부동산은 여러 가지 제도를 정비했다. 한국처럼 무주택자에게 우선순위를 주기 위해 청약가점제를 실시했고, 토지 경매 과열을 막기 위해 주변 주택 시세를 정부 기관에서 평가하고 역으로 토지 가격을 계산해서 경매가를 정하는 택지 연동가를 시작했다.

분양 주택 가격은 정부에서 허가해 준 가격으로만 판매할 수 있으므로 정부에서 통제가 가능하지만, 중고 주택은 사유재산이므로 개인 마음이다.

이 또한 함부로 가격을 높일 수 없도록 정부가 통제하기 시작했다. 매물 인증제도라는 것인데, 기본 목적은 허위 매물을 선별해 내는 것이었다. 이전에 부동산에 매물을 내놓을 때는 아파트 기본 정보만 알려주면 되었다. 이런 이유로 내놓는 부동산 매물이 허위 매물인지 진짜 매물인지 알 수가 없다. 매물 인증제도가 실시되면서 매물을 내놓으려면 방산증, 집주인 신분증, 취득세 영수증을 제시해야만 한다. 또한 아파트 단지별로 상한 가격을 두어 그 이상의 가격으로 매물을 내놓지 못하게 해서 분양 가격과 중고 주택 가격 모두 정부가 통제 관리할 수 있도록 했다. 전체적인 내용은 제도 정비와 규제였다.

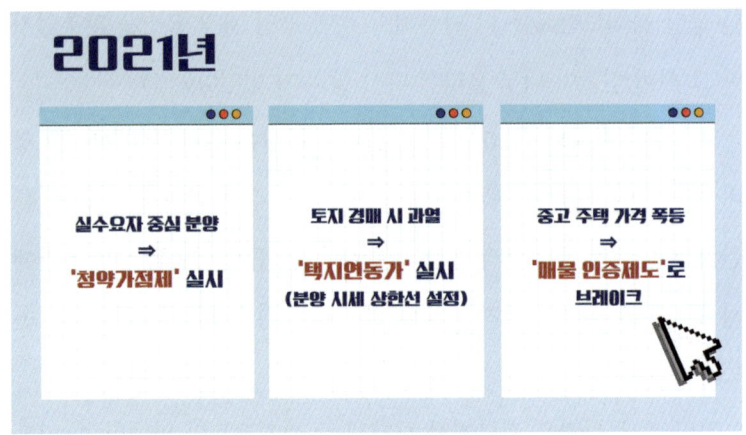

2021년 실시한 정책 요약

2022년은 매스컴을 통해 봐서 알겠지만, 코로나로 인해 중국은 상하이시 전체를 2달 동안 집 밖에도 나가지 못하게 봉쇄했다. 봉쇄가 풀리고 나서 부동산은 완화 정책을 지속해서 폈다. 봉쇄에 진저리가 난 많은 사람이 상하이를 떠나게 되자 호구 정책부터 완화했다. 인재들에게 상하이 호구를 주어 상하이에 남도록 한 것이다. 상하이 호구는 주택을 2채까지 살 수 있다. 즉 상하이 호구 수가 늘어난다는 것은 주택 구매 유효 수요가 늘어난다는 것을 의미하므로 부동산에도 긍정적인 효과를 준다.

대출도 완화해 주고, 집을 판매할 때 내는 양도세의 일종인 개인소득세도 집을 팔고 1년 안에 다시 사면 환급해 주었다. 이에 따라 봉쇄가 풀리자마자 상하이 부동산은 거래량이 폭증했고 가격도 올랐다.

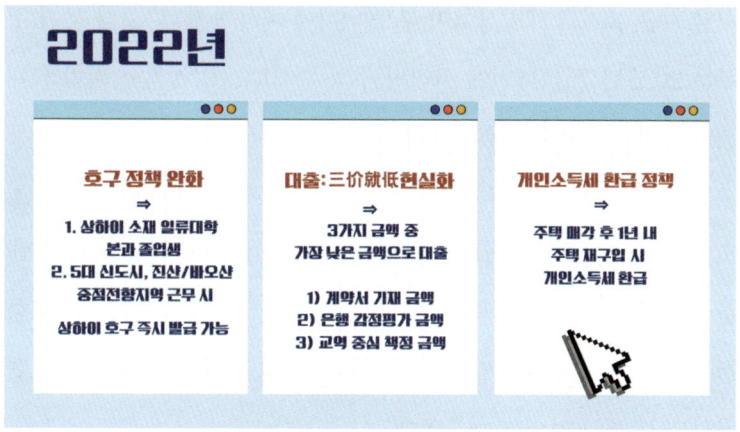

2022년 실시한 정책 요약

안 되면 될 때까지 밀어붙이는 중국

갑자기 코로나가 종식된 2023년…. 부동산 시장은 혼란의 연속이었다. 코로나가 끝나면 나아질 것이라는 기대감에 특별히 완화 정책이 없었음에도 3월에는 거래량이 급증했다. 그러나 3월 양회(两会)*에서 "부동산은 거주하는 것이지, 투기하는 것이 아니다."라는 2016년 12월 발표한 정책을 고수하면서 다시 거래량과 가격은 하락하기 시작했다.

중국 경제성장률도 예상보다 좋지 않다 보니 헝따, 완다 그리고 비꾸웬 같은 굴지의 개발상들이 부도 위기에 처하게 됐다. 보다 못한 정부는 2023년 7월 24일에 시진핑 주석 주재로 중앙정치국 회의를 개최하고 그동안 규제해 왔던 부동산을 풀기 시작했다.

도시마다 자율권을 주어 완화할 수 있도록 했다. 도시별로 완화 정도의 차이는 있지만, 대부분 도시는 주택 구매 자격을 완화하고, 대출 금리를 인하하고 대출할 때 주택 수 판정 기준도 완화했다. 또한 선수금 비중을 낮추고 양도세 중 개인소득세 환급 기간을 2년 더 연장하는 등 세금 감면도 해주었다.

상하이도 9월 1일에 주택 수 판정 기준을 런팡부런따이(认房不认

---

* 전국인민대표대회(약칭 전인대)와 전국인민정치협상회의(약칭 정협 또는 인민정협)를 통칭하는 말이다. 매년 3월에 거행되며 양회를 통하여 그해 중국 정부의 운영 방침이 정해진다.

貸)로 완화했고 다시 12월 14일에 선수금 비율 조정, 대출금리 조정 그리고 보통 주택 기준 변경 등 완화 정책을 발표했다.

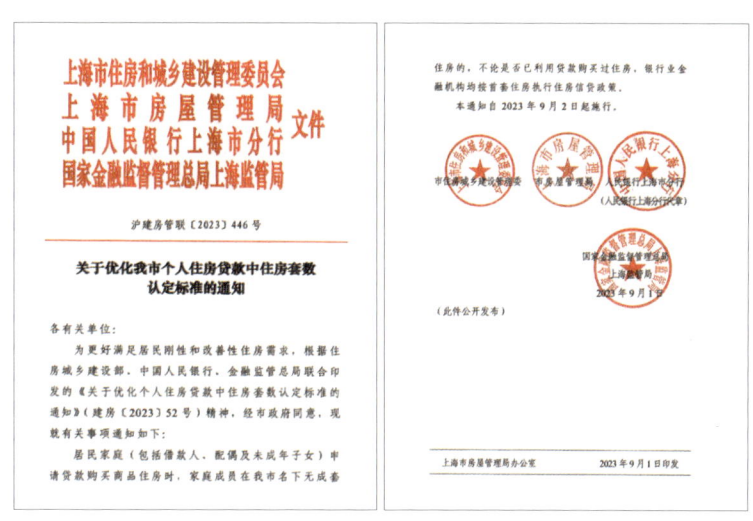

대출 시 주택 수 판정 기준을 런팡부런따이(认房不认贷)로 변경한다는 공문

상하이 12.14 부동산 신정책 요약 (2023.12.15부터 시행)

내용	기준	조정 전	조정 후
선수금 비율 조정	첫 주택	35%	30%
	두 번째 주택	보통주택 50% 비보통주택 70%	50% 특별지역: 40%
대출금리 조정	첫 주택	기준금리(4.2%) + 0.35%p	기준금리(4.2%) − 0.1%p
	두 번째 주택	기준금리(4.2%) + 1.05%p	기준금리(4.2%) + 0.3%p 특별지역: 기준금리(4.2%) + 0.2%p
보통주택 (普通住房) 기준 변경	면적	건축면적 140㎡ 이하	건축면적 144㎡ 이하
	가격	내환선内: 450만 위안 이하 내환선-외환선: 310만 위안 이하 외환선外: 230만 위안 이하	가격 제한없음

*특별지역: 린강신피엔취 자유무역구, 쟈딩, 칭푸, 송쟝, 펑시엔, 바오산, 진산

    2024년 접어들면서 1월만 해도 정책을 두 차례 손보았다. 1월 13일에 5대 신도시 중 칭푸 신도시와 펑시엔 신도시에 대해서 외지인 구매 조건을 완화했다. 5년 동안 납부해야 했던 사회보험료를 3년으로 줄여주고, 해당 신도시에 2년 이상 노동계약을 체결하고 1년 이상 근무하면 구매할 수 있도록 풀어주었다. 1월 30일에는 외환선 밖 교외 지역에 대해 사회보험료를 5년 낸 외지인이라면 미혼도 구매할 수 있게 했다. 기존에 결혼해야 구매할 수 있었던 조건을 없앤 것이다.

2023년 12월 14일에 나온 정책은 오래전에 구매해서 매도할 때 세금이 많아 팔고 싶어도 팔 수 없었던 시중심의 오래된 주택 거래 활성화를 위한 정책이었고, 2024년 1월에 내놓은 정책은 시중심과 비교해 상대적으로 저렴한 신도시에 젊은 인재들이 주택을 마련하고 정착할 수 있게 하기 위한 정책이었다.

지속적인 완화 정책으로 전년보다 거래량은 증가했지만, 완화 수위에 비하면 부동산 시장 반응은 뜨겁지 않았다. 경기가 좋지 않다 보니 선수금 비율과 대출 금리를 낮춰줘도 대출받아 집을 사려고 하지 않는다. 대출을 받았다가 정리 해고라도 되면 감당할 수 없기 때문이다.

경기부양이 선행되어야 부동산 구매 심리도 살아날 수 있다. 경기부양 카드로 내놓은 것이 바로 이구환신(以旧换新, 이지우환신) 정책이다. 이구환신 정책은 중고 자동차나 가전 제품 등을 새것으로 교체할 때 정부가 보조금을 제공하는 것인데, 5월 3일에는 부동산에도 이구환신 정책을 적용한다고 발표했다. 중고 주택을 팔고 분양 주택을 사고자 하는 수요를 지원하기 위한 것이다.

여기서 끝나지 않고 5월 27일에 메가톤급 완화 정책을 발표했다. 특히 구매 제한을 대폭 완화했다. 2024년 1월에는 칭푸 신도시와 펑시엔 신도시에 대해서만 적용했던 외지인 사회보험료 납부 기간 완화를 상하이 전 지역으로 확대했다. 외지인들이 이제 사회보험료를 3년

만 납부하면 상하이 어느 지역이나 구매할 수 있다. 미혼인 외지인도 마찬가지로 사회보험료를 3년 납부하면 상하이 전 지역을 구매할 수 있게 풀어주었다. 단 분양주택은 외환선 밖 교외 지역만 구매할 수 있도록 했다.

14억이 넘는 인구를 가지고 있는 중국도 이제는 저출산으로 인구 감소를 고민하게 되었다. 그래서 이번 정책에는 다자녀 가구는 추가로 1채 더 구매할 수 있게 한다는 내용도 포함되어 있다.

2023년 12월 14일에는 선수금 비율과 대출금리를 조정했는데 반년이 채 지나기도 전에 다시 더 줄이고 더 낮췄다. 선수금 비율은 첫 번째 주택일 경우 30%에서 20%로 대출금리는 4.1%에서 3.5%로 낮췄다. 상업용 대출이 비싸서 꺼려진다면 저금리인 공적금 대출을 활용할 수 있도록 공적금 대출 한도액은 높이고 금리는 낮췄다. 첫 번째 주택이고 다자녀를 두었다면 최대 192만 위안(환율 185일 경우 한화 3.5억)까지 최저 2.35% 저금리로 대출을 받을 수 있다.

정신없이 몰아치는 완화 정책으로 거래량은 증가하고 있다. 1월 16,411채, 2월 27,504채, 3월 20,274채, 4월 18,101채, 5월 18,692채… 5월 27일 메가톤급 완화 정책 시행 한 달 후 6월 거래량은 3년 만에 최고치를 경신했다. 2만 채를 훌쩍 넘어 26,374채가 거래됐다.

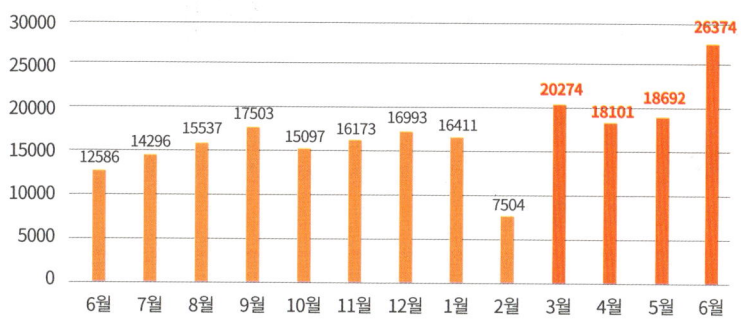

상하이 최근 1년 중고 주택 거래량(2023.6~2024.6)
출처: 网上房地产

물론 이런 구매 완화 정책에 외국인은 해당하지 않아 앞에 설명한 외국인 구매 조건이 달라지지는 않는다. 그러나 선수금 비율이나 상업용 대출 금리는 동일하게 적용 받을 수 있다.

일각에서는 이렇게 강력한 정책을 펼 만큼 중국 경기가 안 좋다라는 의견도 있지만, 내가 그동안 보아 왔던 중국은 될 때까지 밀어붙여서 해내고 만다.

이번 정책으로도 부동산 시장이 활성화되지 않는다면 항저우나 광저우처럼 상하이도 구매 제한을 아예 없앨지도 모를 일이다.

상하이 집여사 부동산 노트

CHECK 12
2024.5.27 부동산 정책

2024년 5월 27일 저녁 상하이 정부는 '도시 부동산의 안정적이고 건강한 발전을 최적화하는 정책 조치에 관한 통지'를 발표했다. 중국에서 시행하는 정책은 항상 예고가 없고 발표하면 바로 시행한다. 이번 정책도 마찬가지로 저녁에 발표하고 28일부터 당장 시행했다. 이 정책은 상하이의 최근 20년 동안 가장 강력한 부동산 완화 정책이라고 할 정도로 구매 제한, 선수금 비율, 대출 이율 등을 완화했다. 내용을 알아보자.

1. 구매 제한 정책

1) 상하이 호구가 아닌 외지인의 경우 사회 보험료를 5년 납부하여야 주택 구매를 할 수 있었는데 3년으로 단축(특별 지역은 2년 또는 1년)
2) 상하이 호구가 아닌 미혼인 외지인은 주택 구매를 할 수 없었는데, 3년 동안 사회보험료를 납부했다면 상하이 전 지역 중고 주택 구매 가능(분양 주택은 시중심 지역 외 일부 지역 가능)
3) 이혼 후 3년까지 주택 수 산정 폐지(이혼한 경우 3년 동안은 이혼 전 주택 수를 합산하여 주택 구매 제한을 받았음)
4) 증여 5년 내에는 증여자의 주택 수 포함 폐지
5) 2자녀 이상 다자녀 가구는 1채 더 추가 구매 가능

외지인 주택 구매 사회보험료 납부 기간
(노란색: 3년, 주황색: 2년, 보라색: 1년)

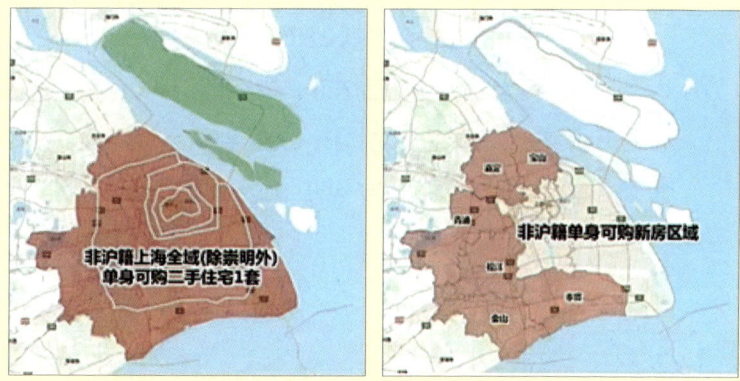

(좌)미혼인 외지인 중고 주택 구매 가능 지역, (우)미혼인 외지인 분양 주택 구매 가능 지역
출처: 小班沪上安家实录

2. 선수금 비율 조정

1) 첫 번째 주택: 20%

2) 두 번째 주택: 35%(특별지역: 30%)

   * 특별지역: 린강신피엔취 자유무역구, 쟈딩, 칭푸, 송쟝, 펑시엔, 바오샨, 진샨

3. 대출 이율 조정

1) 상업 대출 금리

   ① 첫 번째 주택: 3.5%

   ② 두 번째 주택: 3.9%(특별지역: 3.7%)

2) 공적금 대출

   · 대출 기간 5년 이내: 첫 번째 주택 2.35%, 두 번째 주택 2.775%

   · 대출 기간 5년 이상: 첫 번째 주택 2.85%, 두 번째 주택 3.325%

   ① 첫 번째 주택: 개인 80만 위안, 가정 160만 위안

   ② 두 번째 주택: 개인 65만 위안, 가정 130만 위안

   ③ 다자녀 가구: 기초 한도 20%로 상향, 최대 192만 위안

선수금 및 주택 대출 정책 조정(2024.5.27 정책)

내용	기준	조정 전	조정 후
상업용 대출	선수금	첫 번째 주택: 30% 두 번째 주택: 50% (특별지역: 40%)	첫 번째 주택: 20% 두 번째 주택: 35% (특별지역: 30%)
상업용 대출	이율	첫 번째 주택: 기준금리(4.2%) − 0.1%p 두 번째 주택: 기준금리(4.2%) + 0.3%p (특별지역: + 0.2%p)	첫 번째 주택: 3.5% 두 번째 주택: 3.9% (특별지역: 3.7%)
공적금 대출	이율	대출 기간 5년 이내: 첫 번째 주택 2.6%, 두 번째 주택 3.025% 대출 기간 5년 이상: 첫 번째 주택 3.1%, 두 번째 주택 3.575%	대출 기간 5년 이내: 첫 번째 주택 2.35%, 두 번째 주택 2.775% 대출 기간 5년 이상: 첫 번째 주택 2.85%, 두 번째 주택 3.325%
공적금 대출	한도	첫 번째 주택 개인: 60만 위안, 가정: 120만 위안 두 번째 주택 개인: 50만 위안, 가정: 100만 위안 다자녀 가구: 144만 위안	첫 번째 주택 개인: 80만 위안, 가정: 160만 위안 두 번째 주택 개인: 65만 위안, 가정: 130만 위안 다자녀 가구: 192만 위안

* 특별지역: 린강신피엔취 자유무역구, 쟈딩, 칭푸, 송장, 펑시엔, 바오샨, 진샨

상하이 집여사 부동산 노트

CHECK 13

상하이 최고 아파트, 탕천이핀(汤臣一品) TOMSON RIVIERA

상하이 최고의 아파트는 탕천이핀(汤臣一品)이다.

탕천그룹에서 개발한 고급 아파트로 이름에서 알 수 있듯이 탕천그룹에서 개발한 걸작품이다.

탕천이핀은 2005년부터 현재까지 판매 중이다. 안 팔려서 오랫동안 판매를 못하고 있는 것이 아니라 한 채가 팔릴 때마다 최고가를 갱신하며 이슈가 되기 때문에 굳이 빨리 팔 이유가 없다.

2005년 이후 현재까지 분양된 곳은 A, C 두 동뿐이고 나머지 두 동은 (D, B)는 임대(임대료 8만~30만 위안/월)(한화 약 1,500~5,700만 원)하거나 비어 있는 상태이다.

초고층 아파트로 구성된

탕천이핀(汤臣一品) 모습
출처: 바이두

탕천이핀은 최고 44층, 높이 153m로 상하이 심장부에 해당하는 루자주이에 위치한다.

황푸강 리버뷰 절정은 탕천이핀이라고 할 수 있다. 집에서 바라보는 황푸강도 멋지지만 황푸강변에서 탕천이핀을 바라보는 것 또한 멋지다.

2024년 2월 초 한 채가 거래돼서 다시 이슈가 됐는데 C동 3층, 면적은 431.89/㎡였다. 저층임에도 불구하고 335,734위안/㎡(한국 평형대로 약 2억 원/평)거래됐고 거래가는 무려 1.45억 위안(한화 276억 원)이었다.

탕천이핀은 상하이뿐만 아니라 중국에서 가장 고급스러운 주거 공간 중 하나로, 환상적인 위치와 뛰어난 시설을 자랑한다.

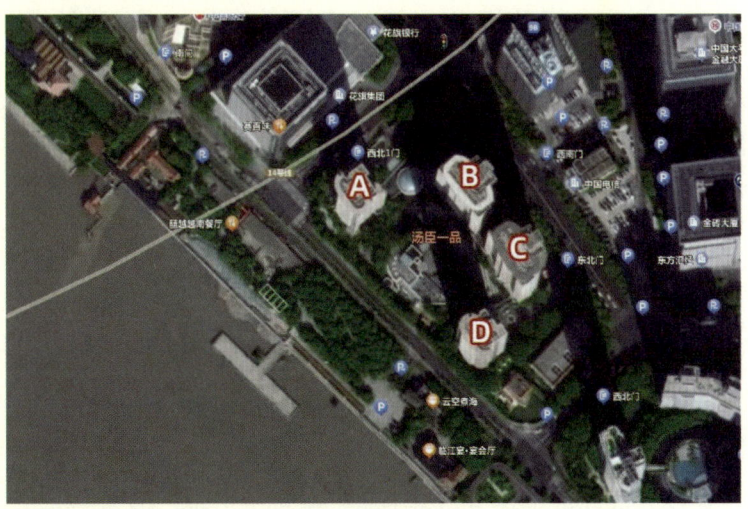

탕천이핀 단지 배치도
출처: 今日地产

탕천이핀에서 보는 와이탄과 황푸강 리버뷰
출처: 바이두

CHECK 14

황푸강 리버뷰 대명사, 스마오빈장화원 아파트

　지금은 스마오빈장화원 앞으로 빈장카이쉔먼이라는 아파트가 들어오면서 저층은 황푸강이 가려지지만 그래도 황푸강 리버뷰를 얘기할 때 탕천이핀보다 스마오빈장화원을 얘기한다.

　황푸강 리버뷰의 절정은 탕천이핀(汤臣一品)일 수 있지만, 황푸강 리버뷰의 대명사가 스마오빈장화원인 이유가 있다. 탕천이핀은 일반인이 범접할 수 없는 그들만의 리그라면 스마오빈장은 일반인들이 구매할 수 있는 아파트였기 때문이다.

스마오빈장화원(世茂滨江花园)은 푸동신취 웨이팡시루 1농에 위치하고 있으며, 탕천이핀과 같이 루자주이에 속한다. (탕천이핀에서 남쪽으로 2㎞에 위치)

스마오그룹에서 투자하고 건설한 아파트이다. 이 단지는 47~62층 초고층 고급 아파트 7개 동으로 구성되어 있으며, 황푸강 동쪽 강변에 인접하고 있어 와이탄과 마주하고 강을 따라 약 1㎞ 길이를 차지하고 있다.

2000년대 초 당시 분양가가 2만 위안대였지만 지금은 평균 가격이 13만 위안이고 황푸강을 가리지 않는 50층 이상이라면 부르는 게 값이라 18만 위안까지도 매물이 나와 있다. 현재 집값은 한화로 50~60억 원 정도 한다.

스마오빈장화원

건축년도: 2002~2009년 / 세대 수: 3,890 / 동수: 32동 / 용적률: 2.9 / 녹지율: 70%
주차비율 1:0.9(주차장 이용료: 1,500위안/월)

단지는 청웨팡시루(城潍坊西路)를 사이로 두 구획으로 나뉘어 있다. 모든 동은 강을 최대한 바라볼 수 있도록 배치했고 강물을 따라 굽이치는 것처럼 배열되어 있다. 스마오빈장화원이 유명한 이유는 단지 황푸강을 조망할 수 있어서만은 아니다. 그 당시 볼 수 없는 단지 내 부대 시설도 한몫 했다.

스마오빈장화원 단지 배치도
출처: 知乎 @购房顾问

'앞으로는 강 풍경을 바라보고 뒤로는 정원 풍경을 감싼다'가 개발 콘셉트였다. 단지 내에 중국 쑤저우 정원, 하와이 해변, 독일식 백조의 호수, 영국식 잔디밭, 프랑스식 미로 공원과 올림픽 공원 등 세계 6대 테마 커뮤니티 정원과 4대 럭셔리 클럽하우스를 만들어서 개발 콘셉트를 실현했다.

상하이 가장 중심 위치의 비싼 땅에 단지 내 녹지율이 무려 70%나 되게 하고 그 안에 중국과 미국, 영국, 유럽이 조화를 이루게 설계한 스마오빈장화원만의 남다른 클래스가 있다.

쑤저우정원, 야외 수영장, 클럽하우스 내부
출처: 두 번째 사진 바이두

스마오빈장화원 단지 내부
출처: 바이두

5장

중국 부동산 실전편

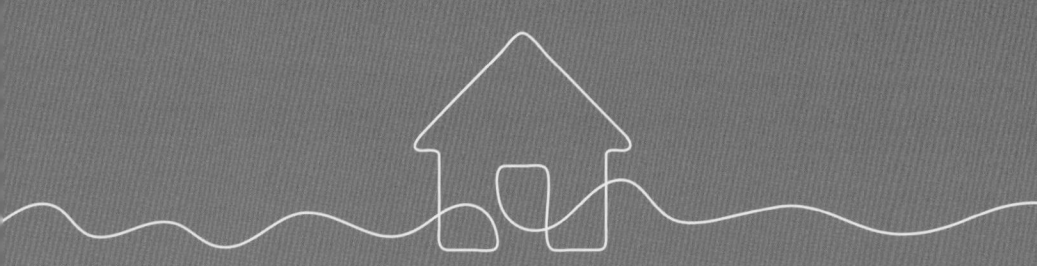

투자 금액과 지역 선택하는 방법

'2035 Shanghai' 개발 계획은 반드시 현실이 될 것이다.

예전처럼 자고 일어나면 집값이 오르던 그 시기가 다시 오기는 어렵겠지만, '2035 Shanghai' 개발 계획에서 개발하겠다고 확정 지어 놓은 지역이라면, 이는 시간의 문제이지 다른 변수 없이 그대로 개발 될 것이다. 어디서 나오는 자신감이냐고 하겠지만 그동안 내가 15년 가까이 봐온 상하이는 계획하는 것을 반드시 현실로 만들 것이다.

상하이 평균 집값이 서울보다 비싸기 때문에 적지 않은 자금이 들어간다. 그렇다고 무조건 싼 지역을 샀다가는 언제 오를지 요원할 수 있다. 그래서 자금과 목적에 맞는 지역 선택이 중요하다. 선택하는 데 도움이 될 수 있도록 투자금과 지역 선택을 예로 들겠다.(2024년 5월 27일 부동산 정책에서 선수금 비율을 30%에서 20%로 하향 조정했으므로 예시들의 선수금은 집값의 20%일 경우이다. 환율은 185원을 기준으로 환산했다)

첫 번째, 실거주할 예정이고 선수금 3억 이상이라면 구베이, 홍취엔루를 선택하겠다.

부동산은 말 그대로 움직일 수 없는 자산이기 때문에 중심으로 갈수록 비싸고 좋다. 그러나 위치가 좋다고 한국 사람들에게 다 좋은 것은 아니다. 한국 식당과 마트도 있어야 하지만 그것보다 한국 사람들은 자녀 교육에 모든 생활의 초점이 맞춰져 있기 때문에 자녀 교육에 문제가 없는 지역이어야 한다. 자녀의 스쿨버스가 배차되는 지역이어야 하고 한국식 교육을 가능하게 하는 보습학원이 모여 있는 지역이어야 한다.

국제학교 스쿨버스는 상하이 여러 지역까지 배차가 되기 때문에 학교를 다니는 데 문제가 없는 지역에 살더라도 보습학원을 포기할 수 없는 한국 엄마들은 주말마다 택시를 타고 아이를 학원으로 실어 나른다.

모든 국제학교 스쿨버스가 다니고, 대치동 못지않게 학원들이 밀

집되어 있는 곳이 바로 홍취엔루 한인타운이나 구베이 지역이다.

물론 이 두 지역은 모두 외환선 안쪽에 위치하고 있어 시중심 지역에 해당하고 교통, 상권, 학군 모두 좋기 때문에 가격 상승 여지가 있다. 또한 외국인 거주 지역이라 다른 시중심 지역보다 임대료가 월등히 높게 형성되어 있기 때문에 투자 수익과 월세 소득 두 마리 토끼를 다 잡을 수 있는 지역이다.

방 2칸, 110㎡, 집값 총액 약 900만 위안, 20% 선수금 180만 위안(한화 3.3억 원) 정도 예상된다.

두 번째, 투자 수익성도 좋고 실거주도 가능한 곳을 찾는다면 따홍차오 지역이다. 요즘 상하이는 전년 대비 20~30% 이상은 빠져서 구매 기회이다. 그러나 구베이, 홍취엔루 지역은 강남 집값과 맞먹는다. 방 2칸 집값이 800~1,000만 위안으로 한화로 15억 이상 한다. 선수금 3억만으로 주택을 구매한다면, 대출금이 많아 월 상환액을 감당하기 쉽지 않을 것이다. 투자 수익성도 좋고 실거주도 가능하면서 선수금과 월 상환액까지 부담스럽지 않은 지역은 어딜까? 답을 찾고 싶다면 '2035 Shanghai' 개발 계획을 들여다봐야 한다. 상하이는 2035년까지 '부중심(副中心)'과 '장삼각(张三角)'이란 두 가지 키워드로 개발하겠다고 했다. 이 두 조건을 다 만족시키는 교집합은 바로 따홍차오 지역이다.

홍차오 CBD는 '2035 Shanghai' 개발 계획에서 부중심으로 승격

된 지역이고, 따홍차오는 2010년 전 개발 초기부터 상하이를 비롯한 41개 도시를 묶은 장삼각 경제권의 중심으로 개발된 곳이다. 그래서 그 이름에 걸맞게 전 세계에서 제일 큰 전시회장을 넣고 홍차오 1공항 · 2공항, 홍차오 기차역까지 몰아넣어서 교통 허브를 만든 곳이다. 지금 가봐도 여기저기 공사 중이고 아파트들도 많이 짓고 있어 어수선하지만, 투자처로 추천하고 싶은 곳이다. 방 2칸, 94㎡, 집값 총액 약 650만 위안, 20% 선수금 130만 위안(한화 2.4억 원) 정도 예상된다.

물론 따홍차오 말고도 여러 유망한 지역이 있다. 그러나 우리 아이들이 주로 다니는 한국 학교, 미국 학교(AS), 영국 학교(BISS), 싱가포르 학교(SSIS), WISS 국제학교 등등 대부분의 국제학교가 따홍차오에 위치하고 있다. 홍취엔루 한인타운이나 구베이 지역에서 이 학교에 가려면 평일은 사십 분 정도, 금요일은 길이 막혀 한 시간도 넘게 걸린다. 그럴 바에는 학교 근처에 살면서, 길에다 쏟는 시간에 아이들을 휴식하게 하거나 학교 방과 후 프로그램을 하게 하는 게 낫다. 국제학교들은 좋은 방과 후 프로그램을 많이 준비하고 있음에도 한국 아이들은 스쿨버스를 못 타면 엄마가 출동해서 데리고 와야 하므로 거의 활용하지 못하고 있다. 비싼 국제학교 학비를 내면서, 수업 시간에만 영어를 하고 다시 수업을 따라가기 위해 한국보다 훨씬 더 비싼 보습학원비를 들이는 것은 굉장히 안타까운 일이다.

한국인에게 좋은 투자 지역

한인타운만 보지 말고 나에게 맞는 지역을 찾아라.

그럼 한국인에게 좋은 투자 지역은 어디일까? 앞장에서 말한 것처럼 자금 여력이 있고 실거주를 원한다면 홍취엔루 한인타운과 구베이 지역은 여전히 좋다.

따홍차오 지역도 실거주와 투자를 만족할 수 있는 추천 지역이다. 따홍차오 내에서도 눈여겨봐야 할 곳은 홍차오 CBD의 1차 베드타운으로 개발된 쉬징(徐泾) 지역, 그리고 한국 학교와 싱가포르 학교, 코스트코 맞은 편에 위치한 치엔완(前湾) 지역이다.

쉬징 지역은 2015년부터 분양하기 시작해서 지하철 17호선 쉬잉루역(徐盈路)이 개통되어 있고 완커 유니시티 쇼핑몰도 들어와 있어서 생활하는 데 나쁘지 않다. 특히 런헝시쟈오화원 아파트는 단지에 수영장, 헬스클럽, 미용실, 마트 등 부대 시설이 있어 단지 안에 들어가면 밖에 나갈 필요가 없을 정도로 편리하다. 런헝시쟈오화원 주변으로 아직 분양하는 아파트도 있는데 2018년 이후 정부에서 분양가를 꽉 쥐고 올려 주지 않아 가격 측면에 매력이 있다.

한국 학교 맞은편 치엔완(前湾) 지역은 가보면 철거와 건설이 같이 이뤄지고 있어서 한참 먼 것처럼 보이지만, 6각형 완벽한 투자 지역이라고 할 만큼 교통, 학교, 쇼핑몰, 오피스 등 엄청난 계획을 갖고 있다. 허허벌판임에도 쉬징 지역보다 분양 가격이 평당 1만 위안이나 더 비싸다. 이 지역은 청약가점제 도입 후 청약 점수가 높아 외국인은 분양받기 어려웠으나, 부동산 경기가 좋지 않은 요즘에는 청약 점수가 높지 않아 외국인도 가능해졌으니 지금이 적기이다.

한인타운과 따훙차오 지역 집값을 보면 서울의 주요 지역 집값이므로 쉽지 않다. 그렇다면 더 저렴하고 투자 가치가 있는 지역은 어느 곳일까?

1. 투자 + 실거주 △ + 1.5억 원(방 3칸, 90㎡, 약 400만 위안, 선수금 80만 위안)

'2035 Shanghai' 개발 계획에서 향후 2035년까지 주인공인 지역은 바로 5대 신도시이다. 5대 신도시는 쟈딩, 칭푸, 송쟝, 펑시엔, 린강이다.

이 중에서 한국인에게 적합한 곳은 칭푸 신도시와 펑시엔 신도시이다. 특히 칭푸 신도시는 따훙차오의 2차 베드타운으로 개발된 곳이다. 또한 장삼각 경제권과 상하이를 연결하는 신도시로서 장삼각 개발 시범구로 지정된 곳이다.

특히 17호선 띠앤산후따다오역(淀山湖大道站) 주변은 완다쇼핑몰과 동두위에라이청쇼핑몰, 평화쌍어학교와 복단대 부속학교, 홍방즈병원, 중산병원 그리고 공원까지 잘 계획된 곳이라 살기 편하게 개발되고 있다.

　한인타운과는 거리가 있어서 한국 같은 생활을 원하는 사람이라면 실거주는 다소 힘들 수 있다. 그러나 중국 로컬학교를 보내거나 중국어와 영어를 배울 수 있는 명문학교인 평화쌍어학교를 보낼 의향이 있다면 구매하여 실거주해도 좋고, 한인타운보다 임대료가 상당히 저렴하므로 월세로 살아도 좋다.

2. 투자 + 실거주 X + 4.8천 만원(방 2칸, 77㎡, 약 130만 위안, 선수금 26만 위안)

　한국 돈 5천만 원밖에 없는데 상하이에 집을 장만하는 것은 불가능한 일인가? 그렇지 않다. 상하이 외곽순환도로(G15-01) 주변으로 13개 사구 중심 타운을 지정해서 개발하고 있는데 이곳 중 한 곳을 선택하면 된다. 사구 중심 타운은 5대 신도시보다는 규모가 작지만, 인구 10만 명 이상 모일 수 있게 개발된 곳이라 그에 걸맞은 학교, 쇼핑몰, 병원 등이 같이 들어선다. 그러나 시중심과는 거리가 있다 보니 실거주는 어렵고 가격이 올라가는 데 생각했던 것보다 시간이 걸릴 수 있으므로 장기 투자로 생각해야 한다.

첫 분양은 사지 마라

입주까지 기간이 짧은 분양주택을 선택해라.

분양하는 새 아파트를 사야 하나? 아니면 조금 오래돼서 낡았지만 중고 아파트를 사야 하나? 중국에서 단순히 새것이냐, 오래된 것이냐의 문제가 아니다.

분양 주택은 정부에서 분양가 허가제를 하면서 가격을 쥐고 있어 몇 년 전 허가 가격이나 현재나 별 차이가 없다. 그래서 주변에 있는 중고 주택보다 대부분 저렴하다.

이런 이유로 유망한 지역들은 분양 아파트로 사람들이 몰리면서 청약가점제를 적용하게 된다. 한국은 처음부터 무주택자 우선, 다자녀 우선 등 청약 점수로 하지만 중국은 청약자가 많아지면 청약가점제로 전환된다. 그리고 집을 살 수 있는 청약 점수 커트라인은 청약한 사람들의 점수에 따라 결정된다. 시험으로 치면 절대 평가가 아니고 상대 평가라고 이해하면 된다.

청약가점제 정책이 시행되면서 한동안 유행했던 말이 있는데, 바로 "买到就赚到(마이따오찌우주완치엔)"이다. 말 그대로 사기만 하면 돈을 번다는 뜻이다. 청약가점제를 도입했다는 것은 많은 사람들이 구매하고 싶어한다는 뜻이고 분양 주택은 정부에서 가격을 제한하고 있으니 주변 시세보다 평당 몇 만 위안 이상 싸다. 그러다 보니 사기는 어려워도 바로 돈이 되는 것이다.

거기다 세금까지 보면 분양 주택은 더욱 매력 있어 보인다. 앞의 세금 파트에서 설명했듯이 분양 주택이냐 중고 주택이냐에 따라 구입할 때 세금 부분에서 큰 차이가 있다.

분양 아파트는 취득세만 내는 장점이 있다. 그러나 한국처럼 중도금과 잔금 개념이 없기 때문에 집을 구매하기로 하고 계약하면 선수금을 내고 부족한 자금은 바로 대출 신청을 해서 개발상에 입금이 되어야 한다. 대출이 실행됐다면 당연히 은행에서는 이자를 요구한다. 일반적으로 분양 주택을 구매하면 입주할 때까지 최소 1~2년 걸린다. 이 시간은 입주도 하지 못하고 임대도 주지 못한 채 그냥 대출금만 상환하면서 견뎌야 한다. 대출이 적은 경우라면 상관없지만, 자금이 부족한 한국사람들은 대부분 대출할 수 있는 최대치까지 대출을 받는다. 1~2년 동안 아무것도 들어오는 것 없이 대출 상환만 하면서 기다리는 것은 쉬운 일이 아니다.

중고 아파트는 바로 입주할 수 있지만, 집주인의 세금을 떠안고 매수해야 하므로 분양보다 초기 투자금이 7% 더 많이 든다. 주변 중고 주택보다 저렴하고 입주까지 기간이 짧은 분양 주택을 살 수 있다면 가장 좋겠다는 생각이 들 것이다. 이것이 가능할까? 중국 부동산 분양 시스템을 알면 가능하다.

중국은 한 아파트 단지라도 한꺼번에 분양하지 않고 몇 번에 나눠서 분양한다. 예전에는 분양 차수에 따라 가격이 높아져서 빨리 사는 게 유리했지만 지금은 그럴 필요가 없다. 분양 차수별로 분양가 차이가 거의 없다. 1차 분양은 대부분 2년 정도 후에 입주하지만, 2~3차, 뒤로 갈수록 입주까지 남은 기간이 줄어든다. 이것은 곧 대출 상환만 하면서 기다려야 되는 시간이 줄어든다는 뜻이다.

청약가점제를 도입하고 인기 지역은 청약 점수가 높아져 50점이 최대인 외국인들은 분양으로 좋은 위치를 사기 어려워졌다. 그러나 최근 중국 부동산 상황이 안 좋아지면서, 인기 지역도 청약가점제가 적용되지 않는다.

지금처럼 부동산 경기가 좋지 않을 때가 예전에는 청약 점수가 높아서 청약 접수도 못 해보던 지역을 청약가점제 없이, 입주가 얼마 남지 않은 분양 아파트를 구매할 수 있다. 이런 매물을 산다면 부동산 경기만 회복되면 빠른 시일 내 수익을 낼 것이다.

비과세 되는 중고 주택을 찾아라

만 5년 이상 보유한 면적 144㎡ 이하인 중고 주택은 양도세가 "0" 이다.

분양 주택은 분양가 허가제 실시로 몇 년 전과 동일한 가격으로 구매할 수 있고, 세금도 취득세만 납부하면 돼서 좋지만, 실거주를 하고 싶거나 임대 목적으로 투자하는 경우라면 적당하지 않다. 그렇다고 집주인이 내야 할 양도세를 떠안고 중고 주택을 사는 것은 현명해 보이지 않는다.

그럼 어떤 방법이 있을까? 분양 주택 같은 중고 주택을 찾으면 된다. 이상하게 들릴 수 있지만 2023년 12월 14일에 보통 주택 기준이 변경되면서 중고 주택이지만 분양 주택처럼 취득세만 내면 되는 특별한 케이스가 생겼다. 이전의 보통 주택 기준은 면적뿐만 아니라, 가격 기준까지 있었다. 이 기준에 따르면 상하이 대부분 주택은 비보통 주택에 해당되어 중고 주택을 사면 분양 주택보다 세금을 많이 내야 했다.

보통 주택 기준이 변경되면서 가격 기준은 없어지고 면적 기준만 적용하게 됐다. 10년 만에 보통 주택이 변경됐으니, 어찌보면 10년 만에 찾아온 기회인 것이다. 면적이 144㎡ 이하면 보통 주택, 144㎡

초과면 비보통 주택이다. 어디에 있든 면적이 144㎡ 이하라면 다 보통 주택인 것이다.

보통 주택과 비보통 주택은 양도세(증치세, 개인소득세) 세율 기준이 다르다. (148쪽 '안 내도 되는 양도세' 참고)

보통 주택은 만 5년 이상 보유했다면 증치세 면제! 주택을 한 채만 보유하고 있다면 개인 소득세 또한 면제! 즉 만 5년 이상 보유했고 면적이 144㎡인 중고 주택이라면 분양 주택처럼 취득세만 내면 되는 것이다. 그러나 분양 주택과 달리 바로 입주하거나 임대를 놓을 수 있다.

최근 중국 부동산 상황이 좋지 않아 가격이 하락하면서 분양 주택보다 저렴한 중고 주택을 어렵지 않게 찾을 수 있다. 이런 알짜 중고 주택을 구매한다면 시장 상황이 좋아지면 가격 반등을 기대할 수 있다. 또한 실거주하거나 바로 임대료를 받을 수 있으므로 리스크가 없는 훌륭한 투자이다.

부동산 매수신호 정책에 힌트가 있다

정부 정책은 부동산 신호등과 같다.

말도 통하지 않는 나라에서 그것도 공산국가인 중국에서 주택 구매를 한다면 뭘 보고 판단해야 할까? 바로 정책이다. 정부의 정책은 신호등과 같다. 신호등이 빨간 불일 때 서야 되고 초록 불일 때 가도 되는 것처럼 규제 정책일 때 기다리고 완화 정책일 때 움직이면 된다.

"房子是用来住的, 不是用来炒的(팡즈스용라이주드어, 부스용라이챠오드어)" 이 말은 2016년 12월 14일, 베이징에서 열린 중앙경제공작회의에서 시 주석이 한 말이다. "집은 거주하는 것이지, 투기하는 것이 아니다."란 뜻으로 이 말 한마디가 최근까지 중국 부동산 정책을 결정하는 중요한 키워드였다.

자본주의 국가의 부동산 시장은 정책보다는 시장의 논리에 따르지만 중국은 중앙정부가 어떤 정책을 시행하는지에 따라 시장이 움직인다. 최근에는 중국 내부 요인 외에 전 세계 상황에도 영향을 많이 받기 때문에 예전처럼 정부가 정책을 내면 즉각 반영되지는 않지만 그래도 어느 경제지표보다 정책을 보고 그 흐름에 따라 움직이는 것이 제일 안전하다.

지금까지 중국 부동산은 규제와 완화를 번갈아 가면서 시행해 왔다. 정부가 완화해 줄 때는 매수하고, 규제할 때는 견디고 다시 완화해 줄 때 매도하면 된다.

완화했을 때는 어떤 정책들을 펼쳤고, 규제했을 때는 어떤 정책을 펼쳤는지 살펴보면 그 안에 답이 있다.

완화할 때는 어떤 정책을 펼까? 여기서 정책은 중앙정부의 방향성에 따라 실시 되는데, 一城一策(이청이츠어), 즉 하나의 도시에 하나의 정책이란 뜻으로 성(省), 시(市)별로 자율권을 주고 있다. 그러므로 도시 마다 정책이 다를 수 있으므로 구매하고 싶은 도시의 정책을 봐야 한다.

1. 대출 금리 인하

대출 금리 인하 정책은 한국과 유사하다. 정부에서 주택 구매를 장려할 때는 특별보금자리론처럼 금리를 낮춰주고 대출 상환 기간도 길게 해서 부담을 줄여주는 상품들을 내놓는 것처럼 중국도 그러하다.

중국에는 기준금리와 LPR(Loan Prime Rate)이 있는데, 부동산 완화를 위해서 기준금리를 조정하면 산업 전반에 많은 영향을 주기 때문에 18개 상업은행에 자율권을 줘서 매달 LPR 금리를 정해서 발표하도록 하고 있다. LPR 금리는 1년 이하의 단기 금리가 있고, 5년 이상의 장기 금리가 있는데, 주택 담보 대출은 5년 이상 LPR 금리에 따른다.

코로나 이후 상하이는 여러 차례 5년 이상 LPR 금리를 인하하고 있다. 2024년 들어 다시 금리를 큰 폭으로 인하해서 첫 주택의 경우 4%대에서 처음으로 3.5%까지 LPR 금리가 낮아졌다. 그러나 2, 3선 지방 도시는 3% 초반대까지도 하고 있으니 많이 완화된 것 같지만 더 낮출 여지가 있다.

2. 대출 시 주택 수 판정 기준 완화: 런팡부런따이(认房不认贷) 실시

대출을 해줄 때 주택이 있으면 적게 해주고, 주택이 없는 무주택자라면 많이 해 준다. 이것만으로는 특이한 것이 없지만 주택 수를 판정하는 기준이 정책에 따라 달라진다. 주택 수 판정 기준에 대해 어떤 정책을 적용하느냐에 따라 현재 주택이 없지만 무주택자가 아닐 수 있다. 런팡부런따이/런팡이요우런따이(认房不认贷/认房又认贷)가 바로 그것인데, 부동산을 규제를 할 때는 런팡이요우런따이(认房又认贷), 완화할 때는 런팡부런따이(认房不认贷) 기준을 적용한다.

런팡부런따이(认房不认贷)는 예전에 집을 사느라 대출받았던 기록은 보지 않기 때문에 현재 집이 있는지 없는지만 심사해서 없으면 첫 주택으로 보고 대출을 많이 해준다. 런팡이요우런따이(认房又认贷)는 대출 기록까지 심사하기 때문에 현재는 집이 없는데도 대출받았던 기록이 나오면 두 번째 집으로 보고 대출을 적게 해주고 심지어는 대출 상환이율도 할증시켜 부담을 준다.

3. 대출 심사 기간이 짧고 대출 승인 후 대출 실행이 빠르다

중국에서 대출을 받아보면 상식적으로 이해가 안 되고 당황스러울 때가 많다. 대출 심사 기준에 부합하는 조건을 다 갖추었고, 준비하라는 서류 다 준비해서 제출했음에도 몇 달이 지나도 심사 통과를 못하고 계류되어 있는 경우가 있다. 이유를 물어봐도 알려주지 않는다.

심사를 통과해서 한시름 놨지만 다시 대출금이 실행되지 않는다. 이런 상태로 몇 달이 지나가고 해를 넘기는 일도 있다. 이런 경우라면 대출 규제 기간인 것이다.

대출을 완화해 주는 때는 '벌써 나왔어?'라고 깜짝 놀랄 만큼 빨리 나온다. 최근 상하이에서 대출을 신청하면 한 달 안에 대출 심사와 대출 실행까지 이루어진다.

4. 세금 완화

2000년대 초반은 취득세도 없고, 양도세도 없고 돈만 있으면 살 수 있던 시절이었는데 이때는 말 그대로 정책으로 퍼주던 시절이다.

지금은 취득세, 보유세, 양도세(증치세, 개인소득세)가 다 있어서 예전처럼 퍼줄 수는 없지만 세율을 낮추거나 감세 판정 기간 기준을 줄여주는 것으로 완화할 수 있다.

취득세는 2016년 3%에서 90㎡ 이하는 1%, 90㎡ 초과는 1.5%로 완화되었고, 양도세 중 하나인 개인소득세는 집을 팔고 다시 사면 환급해 주는 정책을 2025년 말까지 한시적으로 시행하고 있다.

양도세 중 다른 하나로서 세율이 높은 증치세는 의무 보유 기간 이상 되어야 집값 총액이 아닌 차액 부분에 대해서만 부과되는데 현재 의무 보유기간은 5년이다. 완화해 줄 때는 3년 또는 2년으로 낮춰준다.

5. 선수금 비율을 낮춘다

선수금 비중은 우선 생애 최초 주택부터 완화되는 경우가 많다. 생애 첫 주택에 실거주하고, 집값이 상대적으로 저렴한 보통 주택이라면 선수금을 조금만 준비해도 되게끔 한다. 일반적으로 20% 수준까지 낮춰준다.

생애 첫 주택은 아니지만 현재 무주택자가 주택을 구매하려고 하는 실수요자라면 선수금 비중을 20~30% 수준까지 낮춰주고 1주택자가 다시 한 채를 더 구매하는 경우라면 35~60% 수준으로 낮추는 정책이 있다.

2023년 12월 14일 상하이는 첫 주택은 35%에서 5% 낮춘 30%로, 두 번째 주택은 70%에서 20% 낮춘 50%로 선수금 비율을 낮췄다. 2024년 5월 27일에 또 다시 선수금 비율을 첫 주택은 20%, 두 번째 주택은 35%까지 대폭 낮췄다. 완화 시기에는 이와 같이 선수금 비율을 낮추고 규제 시기가 되면 다시 높인다.

6. 구매 자격 완화

완화 정책 중에서 가장 큰 영향을 줄 수 있는 것은 구매 자격 완화이다. 선수금을 조금만 내도 되고 대출을 쉽게 많이 해 준다 해도 이것은 모두 주택을 구매할 수 있는 조건이 되는 사람에게 해당하는 것이다.

상하이는 아무리 돈이 있다고 해도 상하이 호구를 가진 사람은 2채까지, 그 외의 외지인, 외국인은 가구당 1채밖에 살 수가 없다.

1채를 사기 위해서도 외지인은 상하이에 사회보험료를 3년 동안 내야 한다. 사회보험료 조건은 만족해도 미혼이라면 구매할 수 있는 지역에 제한을 받는다. 외국인도 상하이에 취업해서 12개월 이상 개인소득세를 납부해야만 살 수 있다.

2024년 신정책이 나오기 전에는 외지인은 사회보험료를 5년 동안 납부해야 했고, 미혼이라면 상하이에 집을 살 수가 없었다.

최근 광저우에서는 120㎡ 이하에 대해서 주택 구매 자격 심사를 하지 않겠다고 발표했고, 이어서 항저우도 주택 구매 자격 심사를 하지 않겠고 심지어는 구매 채수 제한도 하지 않겠다고 발표했다. 만약 상하이에도 이 제도가 시행된다면 부동산 시장은 술렁일 것이다.

이와 같은 여러 조건들을 완화해 준다면 상하이 부동산은 여전히 수요가 많으므로 움직인다.

규제할 때는 완화할 때와 반대되는 정책을 펼친다. 즉 시앤고우(限

购), 시앤쏘우(限售), 시앤따이(限贷)이다. 시앤고우(限购)는 구매 제한으로 구매 자격을 강화하는 것을 말한다. 시앤쏘우(限售)는 매도 제한으로 구매후 일정 기간은 아예 판매를 못하게 규제하는 것이다. 시앤따이(限贷)는 대출 제한이다. 대출률을 줄인다거나, 대출 심사를 강화하는 등이 이에 해당한다.

일반적으로 완화 기간은 짧고 규제 기간은 길다. 잠깐 열어줄 때 들어가고 규제할 때는 팔지 않고 견디면 된다. 그러나 중국에서 정책을 시행할 때는 예고도 없고 유예기간도 없다. 발표하고 바로 시행하기 때문에 늘 관심을 갖고 있어야 기회를 잡을 수 있다.

중국 부동산 투자 8가지 원칙

원칙을 정하고 시작해본다면 중국은 여전히 매력적인 투자처임이 확실하다.

2000년대 초반, 중국이 사유재산을 인정하고 경제 성장도 급속히 이루어질 때는 중국 부동산에 투자자들이 몰렸지만, 지금은 그런 시기는 아니다. 많은 경제전문가는 중국은 이제 끝났다고도 말한다. 실제로 투자하고 싶지만 이미 중국 집값은 많이 올랐고 어디에 투자해야 할지 더 어려워졌다. 투자에는 자신만의 원칙이 필요하다. 나에게는 알려주는 사람이 없었기에 15년 동안 현장에서 발로 뛰며 배웠지만 지금 시작하는 사람들에게는 나의 경험이 도움이 되길 바란다.

원칙1. 중국은 1선 도시에 투자하라

도시의 선택은 매우 중요하다. 한국에서 이런 말이 있다. 서울 사람이 내 집 마련하는 데 10년 걸리고 지방 사람이 내 집 마련하는 데도 10년이 걸린다고 한다. 같은 10년이지만 집값의 차이는 하늘과 땅 차이고 시간이 갈수록 이 차이는 더 벌어진다. 이처럼 중국에서도 서울과 같은 1선 도시를 선택해야 한다.

앞장에서 상하이 부동산은 끝났다는 생각이 만연해지면서 충칭이나 시안에 투자했던 사람들보다 같은 시기, 같은 비용으로 상하이에 투자한 사람이 더 큰 수익을 얻었다는 얘기를 했다. 이처럼 1선 도시들은 한국으로 보면 서울과 같은 도시이기에 불황기에도 적게 떨어지고 호황기가 되면 바로 회복한다.

원칙2. 도시 계획을 알아보고 현장에 가보고 분양 또는 중고 주택을 결정하라

도시마다 도시 계획이 있다. 인터넷에 검색하면 쉽게 도시 계획을 알아볼 수 있다. 계획을 보고 마음에 드는 지역이 있다면 임장을 해보고 지역을 결정한다.

지역이 결정됐다면 분양 주택을 살지, 중고 주택을 살지 결정해야 한다. 분양 주택을 선택했다면 입주하지 못하고 대출 상환만 해야 하는 의무 기간이 있으므로 이를 최소화하기 위해 1차 분양보다는 2, 3차 분양을 노리는 것이 좋다.

중고 주택을 선택했다면 면적이 144㎡ 이하에 집주인이 구매한 지 만 5년 넘은 집을 찾으면 된다. 이런 경우는 양도세가 비과세 되므로 분양 주택처럼 취득세만 내면 되고 바로 입주나 임대를 놓을 수 있으니 좋다.

원칙3. 정책 변화를 예의 주시하라

중국 부동산은 정부의 정책 변동에 민감하다. 완화될 때의 시그널과 규제할 때의 시그널을 보고 같이 흐름을 타야 편안하게 사고팔 수 있다.

보통 완화일 때 사거나 팔고 규제일 때는 견디면 된다. 규제일 때는 집을 구매하지 않는 시기지만, 자금을 여유 있게 준비할 수 있다면 좋은 매물을 저렴한 가격에 줍줍할 수 있으므로 고려해 봐도 좋다.

코로나 이후 중국 부동산에 나타난 현상으로 완화 시기인데도 사람들의 심리가 얼어붙어 집을 구매하지 않는다. 그렇다 보니 선수금도 적게 내고 대출이자도 낮고 대출도 쉽게 해줘서 쉽게 자금을 마련할 수 있다. 인기 지역인데 청약가점제를 하지 않아 분양 받기도 쉽고 중고 주택을 팔려는 사람들도 많아서 가격을 대폭 깎아 몇 년 전 가격으로 살 수 있다.

원칙4. 살고 싶은 집과 살 수 있는 집은 분리해서 생각하라

집을 사지 못하는 여러 가지 이유가 있다. 그중에 하나가 살고 싶은 집은 비싸서 자금이 모자라고 살 수 있는 집은 마음에 들지 않아서 망설이다 보면 기회를 놓쳐버린다.

이런 경우는 살 수 있는 금액에 해당하는 집을 사고 살고 싶은 데 살면 된다. 예를 들어 같은 단지인데 구매 여력은 90㎡인데 실제 거주하려니 너무 작아 140㎡ 정도에는 살아야 하겠다 싶으면 90㎡를 구매하고 140㎡에 임대로 살면 된다.

원칙5. 대출 상환금은 감당할 수 있는 만큼만 받으라

집값 총액이 부담스럽기는 한데 선수금은 어찌어찌 하면 준비할 수 있고 월수입은 대출 상환하는 데 문제가 없어서 대출을 최대한 많이 받아 구매하는 경우가 있다. 중국에 있을 때는 감당이 되지만, 귀국하게 되면 매달 인민폐를 마련해서 상환하는 것이 쉽지 않다. 변수가 생겼을 때나 귀국했을 때를 생각해서 감당할 수 있는 만큼만 대출받는 것이 좋다.

원칙6. 무조건 5년은 보유하라

2000년대 초반에 상하이에 집을 구매해서 지금까지 가지고 있었다면 10~20배 올랐을 것이다. 2010년대 초반에 구매했다면 5배, 2015년에 구매했더라도 2배 이상은 올랐다.

그러나 이제는 이런 수익률은 기대하기 어렵다. 그뿐만 아니라 최근에는 구매가보다 가격이 떨어지는 경우도 발생하고 있다. 이제는 구매했다면 5년은 보유해야 한다. 5년이 지나야 감세되는 이유도 있지만, 이 정도 기간이 지나야 개발 호재들도 현실로 반영되고, 규제와 완화 정책 사이클을 한번은 만날 수 있다. 원했던 수익률이 달성되면 욕심내지 말고 팔아라.

원칙7. 해외 부동산 취득 신고와 해외 송금은 은행을 통해서 진행하라

거주자 신분이라면 중국에 주택을 구매하게 됐을 때 한국에 해외 부동산을 취득 신고를 해야 한다. 또한 매각 후에도 중국 세무서에 신고하고 은행을 통해 해외 송금을 하는 것이 좋다. 만약 그렇지 않으면 나중에 불이익을 받을 수 있기 때문이다.

원칙8. 신뢰할 수 있는 파트너를 찾으라

한국에서 주택을 매입하고 매각할 때도 전문가의 도움을 받는데, 중국이라는 나라에서 투자할 때 혼자 알아서 하는 것은 어려운 일이다. 한국과 매매 과정이나 세금 제도가 많이 달라 자칫하면 피해를 볼 수도 있고 외국인에 대한 규정을 잘 몰라 엉뚱하게 일 처리를 하는 경우도 많으니 외국인 경험이 많은 현지 파트너나 부동산 전문가를 만나는 것이 중요하다.

또한 갑자기 귀국해서 부동산을 처분해야 할 경우도 발생할 수 있다. 신뢰할 수 있는 파트너가 있다면 매매 대리인으로 지정하여 본인이 오지 않고도 매매와 해외송금까지 위탁 진행할 수 있다. 부디 이 책을 통해 원칙을 정하여 여전히 매력적인 투자처인 중국 부동산을 시작할 수 있기를 바란다.

에필로그

'상하이 집을 사는 것은
한정판 명품을 갖는 것이다'

・・・

    IMF 시절 신혼집이 경매에 넘어가게 되면서 전 재산을 날릴 뻔한 적이 있었다. 그 집을 경매 받아 되팔면서 부동산에 눈을 뜨게 됐다. 이 일이 계기가 돼서 직장을 퇴사한다면 본격적으로 부동산 일을 시작해야겠다고 생각하고 직장을 다니면서 주경야독으로 하루에 3시간 반씩 자면서 공인중개사 자격증을 취득했다.

    그러던 중 중국 상하이에 오게 됐고 우연히 갔던 상하이 두레마을 카페 교민 학교에서 상하이 개발 계획을 듣고 중국 부동산에도 관심을 갖게 됐다. 관심은 갖게 됐지만, 막상 물어보면 제대로 알고 있거나 알려주는 사람은 찾기 어려웠다.

2009년 상하이 집값은 예전에 비해 많이 올라 "상하이 부동산은 버블이다, 이젠 끝났다"라는 말들이 완연했을 때였다. 가끔 부동산을 구매해서 몇 배가 올랐다고 말하는 사람들을 만날 수 있지만, 이미 가격은 많이 올라가 있어서 생각보다 자금도 많이 필요한 상황이었다. 그래도 방법을 찾으면 가능한 범위였지만, 아파트 품질이나 위치를 보면 터무니없이 비싸게 느껴져서 구매하지 않았다. 지금 생각해도 중국에 온 후로 가장 후회되는 순간이다.

이런 아쉬움 때문에 책을 쓰게 됐지만, 막상 쓰다 보니 한국에 있는 사람들이 이해할 수 있을까 하는 걱정이 들기 시작했다. 중국 부동산에 대해서 제대로 된 정보도 별로 없고 구체적으로 설명한 책을 찾기도 어려워서 아주 생소하게 느낄 것이다. 중국은 공산국가이다 보니 한국과 기본적으로 방식이 달라 한국식 사고로는 도저히 이해가 안 되는 부분이 많다.(오래 살아도 그렇다) 그래서 아는 만큼 자세히, 기억을 모두 쏟아내 이야기하려고 노력했지만 이 책을 읽는 독자들은 어렵게 느껴질 수도 있을 것 같다.

그러나 이 책을 읽고 중국에 오게 된다면 "아, 그게 이 소리였구나."라고 쉽게 이해하게 될 것이다.

중국 부동산에서 약 15년을 근무하면서 많은 사람을 만났다. 대부분은 나와 동일하게 파견 나온 주재원이거나 개인 사업차 온 사람도 많았다.

처음은 부동산 투자보다는 당장 살 임대 집을 구하는 것부터 시작하는데, 임대 집도 한국과 매우 다르다. 인테리어가 안 된 상태로 분양하다 보니 한국에서 집 찾을 때처럼 단지와 평형대만 선택해서 될 일이 아니다. 단지 내 모든 집들이 인테리어가 다 달라 직접 확인해야만 하고, 자칫 잘못하면 보증금을 돌려받지 못하는 경우도 많다. 게다가 계약서는 모두 중국어로 되어 있어서 보려고도, 알려고도 하지 않는데, 반드시 확인하기를 바라는 마음에 자세히 적어 놓았다.

매달 집주인(房东, 방동)에게 월세를 꼬박꼬박 바치다 보면 정말 아까운 생각이 들 때가 온다.

그러나 '중국에서 외국인은 구매할 수 없어!', '중국은 주택 자금을 해외로 가지고 가지 못하게 한대' 등의 잘못된 정보 때문에 월세가 아깝다는 생각과 함께 일찌감치 포기해 버린다.

알고 보면 상하이 토박이가 아닌 중국인, 즉 외지인이라고 불리는 중국인보다 외국인이 오히려 상하이 집을 사는 조건은 훨씬 쉽다. 대출도 수입만 있다면 중국인과 비교해서 불이익이 없다. 이처럼 해외로 파견을 오거나 사업차 나오게 되는 것은 부동산 구매에 기회일 수밖에 없다.

그러나 요즘 중국 부동산은 많이 하락했고, 전문가들이 말하기를

2024년은 2023년보다 더 어려울 것이라는 예측을 하고 경기 불황도 장기화될 가능성이 높다고 한다. 이런 시기임에도 불구하고 상하이에 여전히 기회가 있는지에 대한 의문이 남을 것이다.

그러나 내가 서른아홉 살에 상하이를 오게 된 그 시기도 상하이 집값은 버블 상황이었고, 이제 끝났다고 했다. 그때와 지금은 다를 수 있지만, 상하이는 중국의 다른 지역과 또 다르다. 지금은 집을 사는 사람이 원하는 조건에 가격 협상을 해서 얻어낼 수 있는 아주 좋은 시기다. 또한 중국 정부에서 경기 부양책으로 부동산 규제도 풀고 있어, 예전보다 쉽게 적은 자금으로 주택을 구매할 수 있다.

'상하이 집을 마련하는 것은 한정판 명품을 갖는 것과 같다'라고 중국 사람들은 생각한다. 실제로 상하이 집은 돈이 있다고 함부로 살 수 있는 것이 아니다. 일정한 조건을 갖추어야 하고, 조건을 갖추어도 상하이 호구가 아니라면 1채밖에 살 수 없다. 그래서 상하이 집을 마련하는 것은 더욱 가치가 있는 투자일 수밖에 없다. 이 책을 읽는 모든 분들이 꼭 이 기회를 잡기 바란다.

이 책을 쓰면서 꿈이 하나 더 생겼다. 해외에 오래 살다 보면 한국에 대한 정보는 떠나 있던 시간만큼 잊어버리게 된다. 해외 생활을 하다 오랜만에 다른 일로 한국에 잠시 들러보면 내가 한국 사람이 맞는지 의심스러울 정도로 모든 면에서 어눌하게 느껴진다. 일상생활이 이런데 한국 부동산은 더 그렇다. 마치 내가 중국에 처음 와서 부동산을 사고 싶어 중국 부동산을 헤매고 다닐 때처럼 한국 부동산도 그렇게 느껴진다. 상하이에 집을 사며 투자를 잘했더라도 한국은 또다시 낯선 땅이 되어 어디에 어떻게 투자할지 막막하다. 투자가 아니고 살 집을 마련하는 것도 마찬가지다.

언제부터인지 모르겠지만, 막연하게 한중을 연결하는 다리가 되고 싶다는 바람이 있었다. 책을 쓰면서 꿈은 명확해졌다. '차이나 드림의 기회'를 얻은 사람에게 중국에 내 집 마련을 돕고 해외 생활을 하며 귀하게 얻은 자산을 한국으로 다시 이어주는 것 또한 새로운 내 일이 자 내 꿈이 되었다.

중국을 찾는 독자님의 아름다운 성공을 도와주는 사람.
김미성

부록
중국 부동산 용어

- 팡동(房东): 집주인
- 주크어(租客): 세입자
- 후커우(户口): 신분과 거주지를 증명하는 제도로 지방별 실시. 해당 지역 호구이어야 그 지역의 교육, 의료, 사회보험 등 사회 보장 제도를 적용받을 수 있음
- 야진(押金): 보증금
- 주찐(租金): 월세
- 주린 흐어통(租赁合同): 임대 계약서
- 마이마이 흐어통(买卖合同): 매매 계약서
- 이샹진(意向金): 의향금, 임대나 매매 등 의사가 있다는 걸 표시하는 돈
- 띵진(定金): 계약금
- 빠표(发票, 빠피야오): 임대 소득세 영수증
- 주쓰덩지(住舍登记): 주숙 등기
- 마오피(毛坯): 인테리어가 되어 있지 않은 시멘트 벽인 상태
- 쭈쟈이(住宅): 주택
- 꽁위(公寓): 아파트

- ✓ 양팡(洋房): 고층 아파트보다 저층이면서 세대수를 적게 한 빌라형 아파트
- ✓ 비에수(別墅): 별장식 주택
- ✓ 홍취엔루(虹泉路) 지역, 구베이(古北) 지역: 대표적인 한인타운 지역
- ✓ 펑뚜궈지(风度国际): 풍도국제 아파트, 홍취엔루 지역 대장 아파트
- ✓ 밍뚜청(名都城): 명도성 아파트, 구베이 지역 대장 아파트
- ✓ 리앤지아(链家), 중원(中原), 안쥐크어(安居客), 베이크어쟈오팡(贝壳找房): 중국에서 대표적인 부동산 회사로 임대, 매매 물권 조회 가능
- ✓ 따오소우(到手): 매도자 세금을 매수자가 떠안고 사는 방식. 집 주인은 세금이나 경비 등 제할 거 다 제하고 내 손에 얼마를 쥐어 달라는 뜻. 중국에서 이루어지는 매매 거래는 대부분 따오소우 방식
- ✓ 거푸수웨이(各付税): 본인의 세금은 본인이 내는 방식, 각자 세금을 낸다는 뜻
- ✓ 라오동흐어통(劳动合同): 노동계약서, 근로계약서
- ✓ 방찬쩡(房产证): 방산증, 한국의 등기권리증 개념
- ✓ 방찬수웨이(房产税): 방산세, 한국의 재산세 또는 보유세에 해당
- ✓ 치수웨이(契税): 취득세
- ✓ 쩡즈수웨이(增值税): 증치세, 양도소득세 중 하나
- ✓ 거런스워드어수웨이(个人所得税): 개인소득세, 양도소득세 중 하나
- ✓ 챠팡(查房): 주택 유무를 조회하는 것
- ✓ 부런팡부런따이(不认房不认贷): 주택 유무와 대출했던 기록 여부를 모두 심사하지 않는 방식

- ✓ 런팡부런따이(认房不认贷): 주택 보유 여부만 평가하고 예전에 대출을 받았는지는 보지 않는 방식. 현재 상태만 평가하는 것이니까 가장 합리적인 평가 방법
- ✓ 런팡이요우런따이(认房又认贷): 주택 보유 여부뿐만 아니라 대출을 받은 적인 있는지도 보는 방식. 가장 엄격한 평가 방법
- ✓ 마이따오찌우주완치엔 (买到就赚到): 사기만 하면 돈을 번다는 뜻
- ✓ 팡즈스용라이주드어, 부스용라이챠오드어(房子是用来住的, 不是用来炒的): 집은 거주하는 것이지 투기하는 것이 아니다. 2016년 말 시진핑 주석이 한 말
- ✓ 이청이츠어(一城一策): 하나의 도시에는 하나의 정책이란 뜻으로 도시마다 자율권을 준다는 뜻
- ✓ 시앤고우(限购): 구매 제한으로 구매 자격을 강화하는 것
- ✓ 시앤쏘우(限售): 매도 제한으로 구매 후 일정 기간 동안은 아예 판매를 못하게 규제하는 것
- ✓ 시앤따이(限贷): 대출 제한
- ✓ 양회(两会): 전국인민대표대회(약칭 전인대)와 전국인민정치협상회의(약칭 정협 또는 인민정협)를 통칭하는 말이다. 매년 3월에 거행되며 양회를 통하여 그해 중국 정부의 운영 방침이 정해진다.

한국 사람들이 모르는 중국 부동산의 비밀

중국, 돈 되는
부동산은 따로 있다

1판 1쇄 발행 2024년 7월 25일

지 은 이 | 김미성
펴 낸 이 | 김진수
펴 낸 곳 | 한국문화사
등   록 | 제1994-9호
주   소 | 서울시 성동구 아차산로49, 404호 (성수동1가, 서울숲코오롱디지털타워3차)
전   화 | 02-464-7708
팩   스 | 02-499-0846
이 메 일 | hkm7708@daum.net
홈페이지 | http://hph.co.kr

ISBN 979-11-6919-228-6 03320

· 이 책의 내용은 저작권법에 따라 보호받고 있습니다.
· 잘못된 책은 구매처에서 바꾸어 드립니다.
· 책값은 뒤표지에 있습니다.

오류를 발견하셨다면 이메일이나 홈페이지를 통해 제보해주세요.
소중한 의견을 모아 더 좋은 책을 만들겠습니다.